私札與私語

三顧張愛玲

EILEEN CHANG
in Private Letters

高全之 Chuan Chih Kao —— 著

推薦序

三詳張愛玲

王德威

高全之先生是現代中國文學研究領域的傳奇。他的專業是航太工業軟體工程師，學生時期開始對文學產生濃厚興趣，早在一九七六年即出版《當代中國小說論評》，點評從張愛玲到林懷民等九位作家，引起學界重視。一九九七年出版的《王禎和的小說世界》至今仍是王禎和研究的重要材料。高全之行有餘力，甚至擴展興趣及於古典小說。他重讀《西遊記》、《水滸傳》系列著作，導出新的課題，見前人之所未見。但高用力最勤，發現最多的研究對象，無疑是張愛玲。從二〇〇三年的《張愛玲學》，到二〇一一年的增訂二版，二〇一五年的《張愛玲續篇》，再到新著《私札與私語：三顧張愛玲》，他的鑽研獨樹一格，成為張學的一支奇兵。

張愛玲研究堪稱當代顯學，高全之的研究特色何在？誠如《張愛玲學》的副標題「批評，考證，鉤沉」所示，他融合文本細讀，版本源流考訂，軼事史料發微於一爐，而他所處理的主題大至淪陷時期寫作環境，小至「張腔」措辭，鉅細靡遺。乍看之下，高全之的張學專書似乎沒有明白路數，但細細讀來，我們可以體會他的關懷所在。

作為民國世界的「臨水照花人」，張愛玲不論身世或作品，都引起張迷絕大好奇，久而久之，甚至張學研究也自成一套家法。我們熱衷談她的「華麗與蒼涼」，對張胡（蘭成）因緣如數家珍，而張晚年的神祕行止尤為心理分析到文化研究的熱愛對象。這些論述固然言之成理，但也難免形成人云亦云的套路，或特定理論方法的窠臼，更不提張愛玲生平和作品、版本的疏漏之處。也許緣於非科班出身，高全之沒有學院包袱，反而能就事論事，重新開啟張愛玲文本內外的點點滴滴。

鄭樹森教授曾指出高全之一本科學論證式的邏輯架構，打造他個人的「內緣加外緣」張愛玲學。他詳細比對張愛玲著作版本，深耕作家的傳記資料，更發揮科學辦案精神，抽絲剝繭，鑽研前因和後果，以致衍生出一種推理小說趣味。如其對《赤地之戀》寫作背景的明察暗訪；藉中西小說觀點比較《十八春》與《半生緣》的異同；從上海治外法權的狀態探討後殖民理論研究的過與不及；張愛玲的「不速之客」考；甚至藉由張愛玲的文學理念、美國法律與社會背景等角度討論張的海葬爭議。

我以為高全之研究所長不僅在他細膩的考證鉤沉功夫，或大膽假設、小心求證的態度，更在於他對世故人情的通達與掌握。「世事洞明皆學問，人情練達即文章。」這是《紅樓夢》第五回中的對聯，睽諸高全之的研究方法，真是再恰當不過。這不僅關乎他個人批評取向，也關乎他對張愛玲的理解，以及看待人生的態度。張愛玲為人為文既玲瓏剔透，也幽暗隱晦，哪裡是一二文學理論或考證所能涵蓋。她的理想讀者必須報之以絕大的耐心與好奇，與絕對的包容與「慈悲」，方才能夠與「祖師奶奶」對話切磋。

《私札與私語：三顧張愛玲》一書裡，高全之根據《張愛玲私語錄》、《張愛玲往來書信集》等資料追溯張愛玲的至交宋淇、鄺文美夫婦，如何影響她創作、出版或授權的抉擇。張與宋氏夫婦的情誼早為張迷所熟知，但未見如高這般細讀新出版史料，偵斷宋淇如何周旋於出版者間「巧設騙局」，為張贏得最大利益的始末。而張愛玲雖自承不善交往，但對摯友相助何嘗無動於衷？雙方書信往返揭露當年張愛玲海外鬻文為生的不易，也點出彼此的信任與矜持。高全之考證細緻，不僅釐清當年「偽作」公案原委，更藉此折射宋氏夫婦與張友誼的深厚。換句話說，經由細讀文本，高其實更意在字裡行間的倫理向度：雙方的文字來往，最後落實為「人生得一知己足矣」的見證。

高全之復以三篇文章處理張愛玲與胡適關係考。胡適為新文化運動領袖，張為淪陷期上海風頭人物，兩人如何在冷戰初期的紐約結識？他們的互動又為各自帶來什麼樣的生命轉折或啟悟？目前所見張胡因緣的描述多來自張的名篇〈憶胡適之〉，但高全之注意到張描寫兩人紐約初晤有如訣別，因此進一步叩問張的動機為何？他更從張文、《胡適日記》及其他文章中追蹤張與胡各自表述的宗教經驗，延伸出二人身處亂世思考超越之道的不易：如此，張「涉足力有未逮，但『顯然』曾經青睞的議題」。不僅僅如此，高以〈憶胡適之〉最後的場景——赫貞江，或赫德遜河（Hudson River）——考證出胡適的異鄉情史。這看似「離題」之舉，卻意有所指。儘管張寫出她對胡和他的時代的慨歎，但她對老去的五四大師那「一言難盡」的赫貞江情事，又能知道多少呢？兩人的見面如此行禮如儀，其中卻潛藏靈光一現的啟悟可能與不可能。高全之憑其聯想，娓娓道來。這是傳統「引譬連類」的筆法了。

據此，我們來到此書另一「離題」之作，張愛玲在〈自己的文章中〉對米開朗基羅的指涉，及對後之來者的啟示。高全之從大師未完成的雕像想像張愛玲如何涉獵相對陌生的藝術領域。她的洞見與不見宛如一場尚未完成的探勘，一次意猶未盡的對話。但高要問，這樣的探勘或對話是否仍有其意義，甚或也可能是種「未完成的完成」。一般以為張的作品囿於兒女私情，格局有限，高全之卻著力於她筆下不斷投射的歷史動蕩，還有時代「惘惘的威脅」。她描寫了生命的無從描寫性，直指所謂的現實主義金科玉律下，那深邃不可測的，總是尚未完成的面向。「石雕石像無從完整解釋張愛玲題材的通盤演變，但它呼應著張愛玲文學的重要核心價值。」誠哉斯言。張愛玲的作品之所以耐讀，正因其隱而不見的感性與知性有如豐富礦脈，有待後之來者的發覺推敲。這裡觸及的是張愛玲的創作潛力問題，當然更可以延伸成「何為文學」的問題。

高全之先生的張愛玲研究，或廣義今古小說研究，以小見大，觸類旁通，所鋪陳的論述網絡在在令人驚奇。且不論科學辦案的形象，高畢竟是「有情」之人。他以無限溫情與敬意一頭栽入張愛玲及其他現代作家研究，令人感動。多年前我已拜讀高全之先生《當代中國小說論評》，爾後因鄭樹森教授引介開始書信往來，彼此卻始終緣慳一面。至今我們仍僅憑電郵來往，所論均為小說讀法。這也算是一種君子之交吧！三顧張愛玲後，高全之必然不會止步於此，他的未來「張學」令我期待。

王德威，美國哈佛大學東亞語言與文明系暨比較文學系Edward C. Henderson講座教授。中央研究院院士，美國國家藝術與科學院院士。

自序
只認方法，不認家法

一

繼《張愛玲學》增訂二版和《張愛玲學續篇》之後，這是我第三本有關張愛玲的評論文集。[1]本書書名的「三顧」兩字，粗淺之意，在於提示書本總數，然而古人也藉以點明某種堅持。這個書系的堅持很簡單：文學意見跟著數據走。除了平常的讀書札記──如〈說款款〉──之外，本書意在善用兩種惠及作品詮釋與作家傳記的新資料。

第一種資料是《張愛玲往來書信集》，兩冊，台北皇冠文化出版有限公司，二〇二〇年。[2]此為目前數量最大的張愛玲書信結集。第二種資料是《胡適日記全集》二版，十冊，台

1 《張愛玲學》（台北：麥田出版，二〇一一，增訂二版）。《張愛玲學續篇》（台北：麥田出版，二〇一四）。

2 編註：上冊《紙短情長：張愛玲往來書信集・I》；下冊《書不盡言：張愛玲往來書信集・II》。

北聯經出版公司，二〇一八年。此為目前最完整的胡適日記版本。兩套書共通性質在於：雖然個別（書信或日記）時而中斷，但總體跨時皆長。讀者得以從「遠處」觀看，在某些事件重演裡察覺前後相連的關係，比如作者對某些遭遇的一貫態度，或者隨著歲月成長轉變的理由。

可惜編校都未盡理想。我無意列述所有的缺失。讀者應可輕易注意到以下這些醒目的遺憾：《書信集》缺乏索引；《日記全集》索引（第十冊）的頁碼有時「幾乎」正確，而且中文人名部分沒有逐頁標明中文筆畫數目，徒增查尋困難。

如果引文恰有瑕疵，我會指出，供讀者參考。

二

稍早出版的宋以朗《張愛玲私語錄》（二〇一〇年七月，香港皇冠出版社有限公司）選擇性公開及處理張宋信件，難免側重於宋淇夫婦。可以理解。現在我們假設《書信集》是個無障礙的視圖，視此為張宋交往的最重要記錄。

我的閱讀重點有二。其一，宋淇夫婦的張愛玲文學貢獻；其二，張愛玲本人在這份長達四十多年的交情裡扮演的角色。

宋淇夫婦的貢獻有目共睹。張愛玲在美國以英文作品謀生的計劃頓挫之後，回過頭來在台港發展，最後進入大陸書市，都有賴於台北皇冠文化出版平鑫濤不離不棄，宋淇居中斡旋，細心規劃，才有稍後的聲譽。但宋淇竟然在運作裡巧設騙局。〈張愛玲與書市謊言〉揭穿幾個書市謊言。此非微不足道，因為已有學術研究受到誤導。舉兩個例子。劉紹銘〈細細的喜悅（代序）〉，《張愛玲的文字世界》（二〇〇七年，台北九歌出版社）的序文，說該書香港版（《文字的再生》，二〇〇六年六月，香港天地圖書有限公司）曾誤以為陳世驤過世在先，張愛玲被解聘在後。那是被宋淇〈私語張愛玲〉欺矇的結果。張小虹〈本名張愛玲〉誤認〈《續集》自序〉出自張愛玲本人，雖知〈《餘韻》代序〉由宋淇代筆，但不知道該文沒有事先得到張愛玲正式同意，所以宋淇別出心裁的筆名「梁京」解釋，不能算在張愛玲頭上（《文本張愛玲》，台北時報文化出版企業股份有限公司，二〇二〇年九月，頁七四）。

宋淇夫婦長年保護張愛玲。但這份友誼雙向而行，張愛玲也曾盡心盡力經營。〈張愛玲電影版權佣金〉追蹤宋淇經手的幾部張愛玲電影版權佣金，以便體會張愛玲瞭解理財高手宋淇在自嘲裡不願被視為庸俗的用意。張愛玲在佣金措辭上極其謹慎。僅此一事，即可見張愛玲注意細節。〈張愛玲的情商大於零〉留意張愛玲經營這份情誼的另外三種努力：導引三人交往為雙邊對應；主動定調自己與鄺文美的互動；消弭可能危害彼此溝通的嚴峻威脅。

張愛玲自承不擅人際交往。許多事實證明她的自知之明相當正確。但張愛玲絕非待人處事的白痴，她懂得如何對待和尊重宋氏夫婦。

張宋私札的主要關切之一，乃張愛玲的生計，所以長期討論職場、書市、人事、和財務等等事宜。宋淇屢次彙報張愛玲香港存款情況，金錢數字尤其競相奪目。但這些煩雜俗事沒能遮掩——柯慶明歸納出的——「書」「箋」文類多種美感特質的兩種：發訊者和受訊者之間盡情傾訴的抒情，以及「以『書』觀人」，書信撰寫者的「性格」以至「人格」。3

三

《書信集》允許我們使用前所未見的角度來回味兩個爭議。〈張愛玲的真人實事——《赤地之戀》版本簡史〉根據《書信集》爬梳《赤地之戀》出版簡史。簡史的意義在於徹底解決幾個相關的問題。早已有人猜測、宣稱、或根據香港美新處內部文件證明這個故事大綱來自香港美新處。但我們現在知道張愛玲曾經主動要公開討論故事來源，為何作者如此坦蕩蕩，無可隱瞞？既然故事大綱並非己出，為何這部小說在張愛玲文學裡仍然不可或缺？明明是授權之作，香港美新處的政治立場非常明確，為何《赤地之戀》難以規範張愛玲的政治立場？《赤地之戀》英文版在英語市場顛沛流離，那個蹣跚步履在張愛玲文學生命裡有什麼樣的指標性意義？

張愛玲英語書市的頓挫難免引起好奇：她的英文到底夠不夠好？如果以市場成敗來定讞，這個提問就沒有再予討論的餘地。但如果視此為一個技術性的語文問題，則較有可能尋得部分解答。〈張愛玲的英文對白〉就目前可見的相關資訊，試做一個階段性的總結。

〈張愛玲的不速之客〉試圖解決另個爭議：為了報導張愛玲的日常生活，有位台灣作家潛入張愛玲的公寓，然後寫了篇涉及張愛玲垃圾的文章。與其他不速之客事件迥異，這個追星事件違反我們約定俗常的作家態度。王禎和曾說：「張愛玲是作家，不是明星，大家關心的是她的小說，不是她的起居注。」[4]《書信集》證實張愛玲因隔牆有耳而搬遷，曾誤丟積存的信件以及支付額外房租，但她個人的負面反應（比如憤怒、傷痛、怨懟等等）並不昭著。張愛玲遭遇的情緒傷害，無論是否與文件失落或金錢相關，僅為外人的假設。那些假設曾變成強烈譴責的理由。但是在台北兩大報副刊競爭歷史的籠罩下，那些道德意識高昂的撻伐背後或有除了維護張愛玲個人權益的其他原因。至少就參與激辯的人看來，我們無法排除那個因素。《書信集》提供張愛玲處理熱情粉絲的幾個數據，允許我們在宏觀視野裡看出張愛玲處理垃圾事件的冷靜。我們從來沒有如此可靠的、反映她本人態度的文獻。這個體會應該是今後我們褒貶或評議這樁不速之客事件的重要依據。

〈張愛玲的不速之客〉回顧張愛玲三次遭遇不速之客。第二次和第三次涉及台灣兩大報副刊主編高信疆和瘂弦。張愛玲是否因為他們的冒失而對他們個人或其工作單位（副刊、報社）

3 柯慶明，《古典中國實用文類美學》（台北：國立台灣大學出版中心，二〇一六），頁九三，九九。

4 丘彥明訪問王禎和，〈張愛玲在台灣〉，收入鄭樹森編選，《張愛玲的世界》（台北：允晨文化，一九九〇），頁三一。

表示不滿？張愛玲是否知道宋淇和莊信正——曾經實際施援的兩位貴人——在兩大報副刊激烈競爭之中各有報社取向（前者偏《聯合報》，後者近《中國時報》）？張愛玲自己傾向哪家報社？張愛玲如何轉化一時的盛名之「累」為持續文學名望的燃油？為什麼這些理解可以幫助我們降溫，擺脫是非對錯的論戰？

張愛玲私信記述受邀訪中，以及在台灣出版書籍，都趁便反思個人和兩岸之間的關係。她所理解的國際情勢和中國大陸發展情況，未必都具有超時越域的說服力。但她與其他人一樣可以有個人看法—甚至是有些人眼中的偏見—無需展示放諸四海皆準的遠見。重要的是：我們只要耐心聆聽，並且記得她在英美書市的挫折，就更能體會她的兩岸情結。也就是說，重點在於瞭解她。至於是否贊同，皆屬次要。

四

〈胡適與張愛玲的初晤——「憶胡適之」的一種讀法〉處理以下三個議題：考證胡適與張愛玲初晤的時間和地點，確認胡適是否正面肯定《秧歌》的成就，以及回應張愛玲於胡適宗教經驗的好奇。

僅僅《書信集》就足以證明胡適拜訪張愛玲是兩人的初晤。《胡適日記全集》非但增補資料證明那次會面絕非訣別，而且確認胡適的《秧歌》讚賞。相關的問題顯而易見：〈憶胡適之〉為何把初晤寫成訣別？

〈初晤〉追蹤胡適宗教經驗。那是張愛玲人文知識周邊的一個外延區塊。所謂外延，即她興趣所及，但未能真切掌握內涵的區塊。類似《張愛玲學續編》所收〈賽珍珠也是位祖師奶奶〉那樣，我按捺不住自己的人文興趣——「外行人」的毛病——再度從張愛玲出發，涉足於她力有未逮，但「顯然」曾經青睞的議題。為何宗教經驗於胡適研究而言非常重要？胡適和張愛玲的宗教信仰如何影響他們的文化或文學成就？

由於〈初晤〉沒有盡列《胡適日記全集》的宗教經驗記述，〈胡適的宗教信仰——「胡適與張愛玲的初晤」補遺〉拾其遺，以邃閱讀胡適日記之完整。

五

〈憶胡適之〉的趣味非僅上述〈初晤〉及〈補遺〉剖析的幾項要點。〈憶胡適之〉精心繪製，作者追隨胡適朝著赫貞江微笑的視覺圖像。原來的表面意義似乎是「有為者亦若是」：張愛玲從晚輩立場，願意效法前輩在人文領域有所成就。但我們現在可以藉用作家傳記材料去發現新的意義。從作家生平事蹟去理解作品，當然是可以接受的閱讀角度之一。這個圖像帶領我們去面對兩個問題。

其一，張愛玲當時約四十八歲，還有約二十七年的生命，前頭仍然充滿著當事人未能預知的人生際遇。張愛玲一生，如《書信集》以及其他文獻所記，如何與赫貞江發生牽扯？

其二，在張愛玲寫〈憶胡適之〉的時候，胡適與赫貞江的瓜葛雖有蛛絲馬跡可尋，但胡適日記與信件猶未完整出版，與赫貞江相關的可靠的胡適傳記，類如周質平的研究，仍然付之闕如。我們現在閱讀張愛玲當時看不到的胡適資料，跳出〈憶胡適之〉的隔閡，可以得到什麼樣的特殊體會？這個思辨的目的在於：借道張愛玲的不知——胡適與赫貞江的聯繫——去發現相關的人文歷史意義。

〈赫貞江畔的胡適和張愛玲〉試圖回答上述兩個問題。從宏觀閱讀，我們將建議：那視覺印象遙指著張愛玲寫〈憶胡適之〉那個時候無法想像的，赫貞江於她自己和胡適的幾個個別意義。這項探索允許我們考慮「訣別」的另個定義，並回顧與赫貞江相關的胡適詩作。

我們每個人都有知識周界。三人行，必有我師。張愛玲也不例外。〈張愛玲的米開朗基羅〉進入張愛玲不熟悉但有其關聯的另個人文知識領域：米開朗基羅。這種思辨順便整理或擴充我們自已的周界，並非貶張。我冒著「離題」太遠的風險，斗膽假設讀者對米開朗基羅和他的作品會有些興趣。我要宏聲稱謝：台北《藝術家》雜誌蔣嘉惠主編提供拙文引用的相關照片，大大增加了文章的可讀性。

六

一九二二年八月廿六日，胡適與來訪的日本學者談中日兩國的學術研究。胡適當天日記記下自己發言的幾個要點，最前面兩點如下：

> 我們的使命，是打倒一切成見，為中國學術謀解放。
>
> 我們只認方法，不認家法。[5]

胡適所謂方法，是超越這個主義那個主義的治學基本要則。我們歡迎專家學者引進文學研究的新觀念，新重點，新領域。只要不堅持個別家法為萬能的方法就好。

謝謝白先勇教授、董保中教授、張錯教授、陳子善教授、王德威教授、單德興教授、四哥高翼之教授多年來的支持。非常感激胡金倫總編輯的信任。鄭樹森教授耐心審查全書的規劃以及各章的思辨。他們差點被我煩死。

夏志清教授曾囑咐我：就學研領域以及學術地位而言，應請鄭樹森或王德威教授寫序。我非常高興王教授在百忙之中，繼鄭教授之後，為這本張論賜序。這非但是我個人的幸運，

5《胡適日記全集》第三冊（台北：聯經，二〇一八，二版），頁七三一。

也是張愛玲讀者的福氣。

謝謝董保中教授提供香港友聯版（英文版）《赤地之戀》序文作者燕歸來（本名邱然）的照片。一九七八年八月八日張愛玲致鄺文美、宋淇信：「燕歸來我一直覺得漂亮神秘」。[6] 邱然和董教授是幼稚園的同學，他們的父親都曾在北大任教。邱然在香港「第三勢力」組織裡活躍之時，董教授也在香港，當時兩人仍有聯繫。感念張錯教授提供電影《怨女》導演但漢章的兩張照片。其中之一有但漢章欽佩的導演胡金銓和影星鄭佩佩在內。另外那張是一九八一年二月初，《中國時報．人間副刊》主編高信疆率隊去洛杉磯探訪張愛玲，鎩羽而歸，在張錯家吃晚飯的照片。沒想到胡導演、高信疆、但漢章都不幸早逝。時間真快。

6 張愛玲、宋淇、宋鄺文美，《紙短情長：張愛玲往來書信集・I》（台北：皇冠文化，二〇二〇），頁三九二。

目次

推薦序／三詳張愛玲　王德威　003
自序／只認方法，不認家法　009
說「款款」　025
張愛玲與書市謊言　029
張愛玲的情商大於零　057

張愛玲電影版權佣金　067
張愛玲的真人實事——《赤地之戀》版本簡史　081
張愛玲的英文對白　103
張愛玲的不速之客　113
胡適與張愛玲的初晤——〈憶胡適之〉的一種讀法　139
胡適的宗教信仰——〈胡適與張愛玲的初晤〉補遺　177
赫貞江畔的胡適和張愛玲　195
張愛玲的米開朗基羅——〈自己的文章〉的瑕疵及其意義　213

私札與私語

三顧張愛玲

說「款款」

《水滸傳》第五十六回，「鼓上蚤」時遷奉命去東京城徐寧家盜寶。得手之後從梁上「溜將下來，悄悄地開了樓門，欵欵地背着皮匣，下得胡梯，從裡面直開到外門。」欵是款的俗字。這裡「欵欵」可用《辭海》的一種界定，即徐緩貌；例句：杜甫的《曲江》詩，「點水蜻蜓款款飛」。重點在貌。《辭海》裡「款款」的三義都直接間接提到「貌」。貌即動作的情狀，是視覺印象。先前時遷在第四十六回出場，有句五言詩介紹，說他「行步似飛仙」，大概指平常走路輕巧，也不太慢。此時刻意慎步緩行，以期安靜無聲。時遷「形容如怪族」，那個飛仙減速下梯的忞態想必相當有趣。

偏偏這些視覺印象不是故事現場的實景，因為時遷早已吹滅室內燈火，作者沒有提供其他屋裡光源，所以他在暗夜裡潛行。就像徐寧的家人一樣，讀者無從觀其蹤影。當晚月光明星街燈似乎都不相關。這就很有意思。「欵欵」的用意大概在激發那種「想當然耳」、其實看不見的視覺想像。台北聯經版《水滸傳》的註解大概將就一片漆黑的情況，只提動作緩慢：「欵欵地：慢慢地、緩緩地」（一九八七，初版，頁七五三）。緩慢指速度，是種時間觀念，意在避免空間場景之牽扯。這個註腳具限制性，抹殺了作者挑戰讀者遐思的可能性。

「款款」在《辭海》另有一義：獨樂貌；例句：「獨樂款款」。前引《水滸傳》「欵欵」的上下文沒有時遷的心情描述。專業小偷在任務尚未完成之前大概不會因為行事一時順利而大為高興，所以該例應不適用於這個定義。

高陽《胡雪巖》沿用了獨樂貌的定義。嵇鶴齡當著王有齡和胡雪巖的面，很自然地把雙手撫在新納的寵妾瑞雲肩上，親切地與她話家常。「他這樣款款而言，一點都不覺得有什麼不合適。」胡雪巖是媒人。瑞雲原來是王有齡太太的心腹丫頭。有此兩人在場，端雲覺得很不好意思，微微窘笑，白了嵇鶴齡一眼，然後低聲埋怨：「你真嚕嗦！」（台北：聯經，一九七三，頁六五五）這裡就速度而言是中性的，作者沒交代嵇鶴齡說話是否太快或太慢。重點是他得意揚揚，樂在其中的意思。

比較複雜的例子是張愛玲〈金鎖記〉裡曹七巧出席分家產會議那句「終於款款下樓來了」。與時遷拾階下樓的謹慎一樣，曹七巧緩緩而行。當時沒有夜色障眼，讀者無疑可見到小腳女人慢步的風韻。

然而這裡「款款」連帶顧及曹七巧的特殊心態，雖然那情愫與嵇鶴齡新婚的愉悅有別，也在描繪一種獨自快慰的樣子。曹七巧的丈夫與婆婆終於相繼過世，現在要正式分家。作者這樣寫曹七巧下樓開會之前的興奮及其理由：「今天是她嫁到姜家來之後一切幻想的集中點。這些年了，她戴著黃金的枷鎖，可是連金子的邊都啃不到，這以後就不同了。」所以曹七巧興高采烈，準備要在會議裡力爭自己的權益。那步態裡具有高昂的戰鬥意志。

張愛玲的「款款」兼涉徐緩貌與獨樂貌。

張愛玲與書市謊言

一

「書市謊言」是促銷書本的假話，常混雜於義正辭嚴的目的裡面，如維護作者形象，減少爭議等等。書市謊言涉及假訊息，所以有異於正規的市場行銷語言。那麼什麼是謊言呢？

史丹佛大學語言與資訊研究中心《史丹佛哲學百科全書》這樣界定傳統的「撒謊」定義：向他人做出虛假陳述，使得聽者相信該陳述是真實的。這個定義包括四個先決條件。（見圖2.1）其一，說謊者必須做了陳述。陳述涉及語言，其形式不一，可以是口頭，肢體，標誌，或文字等等。發表文章即其方式之一。其二，說謊者本人必須認為那個陳述虛假。該陳述事實上是否虛假並非要點，但說謊者得相信那是個假話。其三，謊言陳述必須要有受話者（聽者，讀者）。受話者不必是多數人，但至

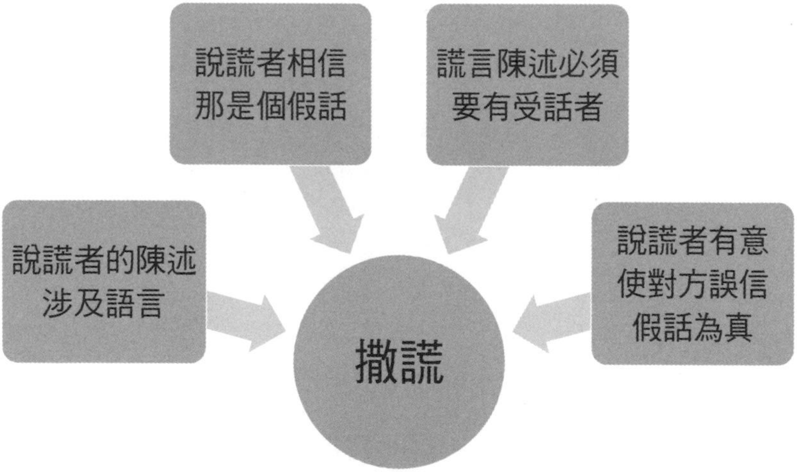

圖2.1 「撒謊」的定義

少要有一個人。我們可以合理假設：報刊或書籍一旦發行，文章有其讀者。讀者屬於一般性受眾，我們無需指出那個讀者是誰。其四，說謊者必須要有企圖心，有意使對方誤信假話為真。[1]

我將多次引用二〇二〇年九月台北皇冠文化出版有限公司兩冊本《張愛玲往來書信集》。為節省篇幅，引用信件只提發信者。如發信者是張愛玲，受信者則為宋淇或鄺文美或兩人。反之，如發信者是宋淇或鄺文美，受信者則為張愛玲。我沿用《書信集》編排方式，為方便讀者，在書信裡的英文之後添上中譯，標以〔〕。有些中譯直接取自《書信集》，有些是補遺或修訂。

宋淇做張愛玲業務代表的工作項目大抵如下：作品於報刊發表，作品英譯授權，小說改編（電影、電視劇、舞台劇）版權談判，皇冠文化出版「張愛玲全集」規劃等等。宋淇在小說改編版權買賣過程中曾出妄語。比如一九八四年二月十五日宋淇信上記述和邵氏公司交涉〈傾城之戀〉電影版權，謊稱張愛玲本人講過：「這麼多年來也不肯賣，多等幾月無所謂。」宋淇是談判高手，似乎也以此自詡。諸如此類的商場語言也許無可厚非，不值得我們去窮追猛打。我們舉這個例子，意在說明本文興趣僅只限於公開發表的文章。白紙黑字的言談涉及廣泛讀者，需要較高的檢驗標準。

1 https://plato.stanford.edu/entries/lying-definition/.

那些文章影響書市，以及源自書本的延伸產品，例如電影、電視劇、舞台劇等等。基於以下三個理由，我們暫且稱宋淇的假話為書市運作謊言。其一，張愛玲最直接，最重要的產品是文學寫作。其二，宋淇的當務之急是爭取而且延續版稅，維護張愛玲文學地位，以便張愛玲生計無虞。其三，宋淇的假話對整個社會的損害有限，因此我們無意聲討。

話雖如此，我們有權知道自己是否上當，上了什麼當。相關的問題是：宋淇主謀，張愛玲曾是共犯嗎？張愛玲知道謊言之後的反應是什麼？

二

我們首先必須澄清這個要點：根據前引的「撒謊」定義，宋淇文章有些錯誤信息並非謊言。舉兩個例子。

其一。宋淇〈私語張愛玲〉於一九七六年三月一日開始在台港兩地同步刊登，說張愛玲和李麗華在香港見面：「二人的緣份僅止於這驚鴻一瞥似的短聚。」[2] 張愛玲讀過之後，同月十四日回信表示不記得香港會晤，但曾在紐約見過李麗華：「那次見李麗華的事我忘得乾乾淨淨——只記得後來在紐約見面，還看見她午睡半裸來開門，信上一定提過，你們忘了」。宋淇原本不知張李在紐約會面，所以〈私語張愛玲〉並未刻意欺騙。

其二。〈私語張愛玲〉說張愛玲初步完成「一個新的中篇小說：《小團圓》」。[3] 宋淇和鄺文美在該文發表之後才真正收到《小團圓》文稿。一九七六年三月十八日張愛玲信說：「昨天剛寄出《小團圓》」。同月廿五日鄺文美信：「前天收到《小團圓》正本」。《小團圓》明明是個長篇小說，並非中篇。〈私語張愛玲〉有所不知，無意散佈錯誤資訊。

〈私語張愛玲〉廣受好評。一九七六年三月十一日宋淇信強調以下要點：宋淇與鄺文美兩人合作撰寫，小心謹慎，意在捧張。信文如下：「最出人意外的就是〈私語張愛玲〉一文大受注意，連帶我也吃香起來，竟然有兩本雜誌，兩張報紙要我寫專欄，因為他們一向認為我是學院派作家，想不到我也能寫抒情散文，而且如此恰到好處。其實，這篇文章是為你而寫，而且我只描繪了一個輪廓，其中細節都是文美的touch〔潤飾〕，至於文字她更是一句一字那麼斟酌，所以看上去很流暢自然而實際上非常花時間，很deceptive〔容易予人錯覺〕，如果大家以為我拿起筆來就可以隨手寫出這種文章來，那就大錯特錯了。」宋淇相當得意。

張愛玲非常喜歡〈私語張愛玲〉。同月十四日張愛玲信顯然和十一日宋淇信在香港和洛杉磯之間擦肩而過：「〈私語張愛玲〉《明報》《聯合報》都寄來了，寫得真親切動人。看到『晝伏夜行』笑了起來。」如前文所述，此信補充了在紐約會見李麗華的事件。

2 張愛玲、宋淇、宋鄺文美著，宋以朗主編，《張愛玲私語錄》（香港：皇冠出版社〔香港〕，二〇一〇），頁三二。

3 同前註，頁三八。

同月廿一日宋淇信重複了前一封信的彙報，但指出了兩種具體的深思熟慮：

說起〈私語〉一文，令我出了一個風頭，平〔平鑫濤〕offer〔邀請〕我在《皇冠》寫一個專欄，《中國時報》則一個每日專欄，其他還有出版社也要出我的書。其實，〈私語〉這種文章是極deceptive〔容易予人錯覺〕的，看上去是隨手拈來，寫得很輕鬆自然，其實花了我們不少時間。第一，收的極緊，故意tone down〔改得含蓄〕，任何有bad taste〔惡劣品味〕或betray〔流露〕傷感的都不寫。第二，處處在為你宣傳而要不露痕跡，傅雷、胡適、Marquand〔馬寬德〕、李麗華、夏氏昆仲、陳世驤都用來抬高你的身份，其餘刊物、機構都是同一目的，好像我們在講一個第三者，非常客觀似的。第三，你猜得一點不錯，我們二人的文章風格很難分得出，李麗華、陳燕燕是我寫的，初稿大概是我的，Mae〔鄺文美〕加入的是一點pathos和personal touch〔情感和個人筆觸〕，然後翻舊信，引了兩句你信中的話以增加此文的真實性。然後Mae〔鄺文美〕再逐字逐句的推敲，加以精簡，務使文中沒有廢話、多餘的字。這篇文章真是可一不可再，要是我們每天寫得出這種文章，那還得了？我們是有自知之明的，要寫這類文章，我們倒並不modest〔謙虛〕，還真找不出幾個人來。總之，此文的目的總算是達到了，將你build-up〔壯大聲勢；建立聲譽〕的目的完成就算數，其餘都是意外。

此信明言兩種不寫：「bad taste〔惡劣品味〕或betray〔流露〕傷感」的事。在較早（一九七六年一月十九日）的一封信中，宋淇用同字「taste」來描述〈私語張愛玲〉的風格訴求：「但內容絕沒有香港所謂『大爆內幕』，而且絕對屬於good taste〔有品味〕，有時我的文章過份了一點，文美還要tone down〔改得含蓄些〕。」由於我們無從確認〈私語張愛玲〉刻意隱瞞什麼，或許可以考慮用「令人愉悅，令人不愉悅」來理解宋淇的兩個成對字，「good taste，bad taste」。「令人不愉悅」與同句裡的「betray〔流露〕傷感」意義重疊，但涵蓋範圍較廣，可外延至任何可能引起爭議（以致令人不愉快）的事件。宋淇知道這份顧慮有其必要，因為〈私語張愛玲〉將會增加張愛玲話題的熱度。一九七六年二月廿六日宋淇信：「並不是我自己想寫文章，而是借此機會拿你又製造成討論的對象」。

如果上述建議可予接受，〈私語張愛玲〉諱言的兩個適用條件是：任何令人不愉悅或流露傷感的都不寫。本文第三和第四節將檢驗該文與這兩個規則相關的事件：張愛玲對馬寬德長篇小說《樸廉紳士》的依賴，張愛玲離職加州大學柏克萊分校中國研究中心的實況。我們將證明所謂「不寫」，實際上是歪曲事實來誤導（「容易予人錯覺」）讀者。

諱言並未止於〈私語張愛玲〉。本文第五和第六節將審查宋淇代筆的兩篇文章：《餘韻》〈代序〉和《續集》〈自序〉。張愛玲感激宋淇規劃《餘韻》和《續集》兩書。一九八八年五月十四日張愛玲信：「《餘韻》《續集》這兩本書是虎口餘生，好不容易，多虧Stephen〔宋淇〕慘淡經營，無中生有，簡直使人心酸。」我們要注意張愛玲於兩文的個別反應。本文第七節將回顧宋淇刊於香港《文林》雜誌的一篇文章。一九七二年十二月十七日宋淇信解釋這份月刊不在台灣銷售，理由是「收不回來錢」。所以這篇文章在台灣長期沒有人注意。

三

張愛玲一直想撰文交代《十八春》的緣起。一九七八年九月十六日張愛玲信：「以後我想寫篇關於《十八春》，這本來是meant to be a potboiler〔賺稿費用的作品〕，結尾不那樣無法在大陸上發表；此後不忍讓它湮沒了，改寫為《半生緣》，朋友都知道。」之後，她至少三次重述那個親自說明《十八春》書寫經過的願望，甚至擬了文章篇名：「回眸十八春」。那三封張信是：一九八四年八月廿六日，一九八五年二月一日，一九八六年六月九日。可惜她未曾劍及履及，如願記下《十八春》本源。我們只有宋淇〈私語張愛玲〉的轉述。

然而如前文所述，宋淇視〈私語張愛玲〉為「抒情散文」，沒有記錄史實的義務，即使誤導讀者大眾也在所不惜。〈私語張愛玲〉只承認《十八春》和《半生緣》對馬寬德長篇小說《樸廉紳士》具有兩種依賴：

> 《十八春》就是《半生緣》的前身。她告訴我們，故事的結構採自J.P.Marquand〔馬寬德〕的H.M. Pulham, Esq.〔《樸廉紳士》〕。我後來細讀了一遍，覺得除了二者都以兩對

夫婦的婚姻不如意為題材之外，幾乎沒有雷同的地方。[4]

那兩個依賴項目是：故事結構及兩對夫婦婚姻不如意的題材。實際上，第二項是第一項的一部分。宋淇提出第二項，試圖縮小張愛玲表白的第一項的範圍。張愛玲承認採用馬寬德小說的結構，措詞廣泛，偏重於技術層面。那個提法的一種詮釋是從男主角的立場倒敘，鋪陳《十八春》、《半生緣》前十六章的故事。這些文字篇幅裡的情節順序亦步亦趨，連帶著接收了六個角色（包括四個主角）以及在他們之間發生的一些事情。這個張愛玲小說絕無僅有的敘事時序即移植過來的局部的小說結構。然而借貸不止於結構而已。有些文字根本就是直接中譯，包括男主角的情思描述。這不是小事。在張愛玲文學裡，《十八春》和《半生緣》首度出現非負面、與愛情相關的男人內在思維描繪。

〈私語張愛玲〉說張愛玲移居美國後，馬寬德寫信幫了一次忙。那事大概指一九五六年三月十四日張愛玲信上提到，馬寬德曾「寫了一封很好的介紹信」，幫助她成功住進麥道偉文藝營。張愛玲看重馬寬德的作品。一九五九年一月十一日張愛玲信說自己對賽珍珠的作品與對馬寬德不同。張愛玲表達的，不再是私人恩怨之有無，而是文學作品的好惡。她坦言己見，沒有要求別人同意她的看法。

4 同前註，頁二四。

我曾以專文〈本是同根生——為《十八春》、《半生緣》追本溯源〉討論《樸廉紳士》對《十八春》、《半生緣》的影響。拙文的概括意見如下：

> 林以亮（宋淇筆名）刻意淡化《十八春》與《半生緣》依賴《樸廉紳士》的程度，卻生欲蓋彌彰的反效果。我們比對小說文本，可以發現它們雷同之處非但不限於「兩對夫婦的婚姻不如意」的題材，也超過了「故事的結構」約定俗成的意義範疇。我們就敘事時序、人物關係、情節片段、關鍵語句四方面略予討論。[5]

拙文〈本是同根生〉列出英文中譯的證據之後，清楚說明了那些中譯的意義：「沈世鈞在張愛玲小說世界裡十分突出：就男人思維情緒著墨的周詳、同情與耐心而言，沒有其他男性角色能望其項背。這份細緻，其實來自馬寬德。」張愛玲暗中學習，因為一九六九年六月廿四日信談《半生緣》——所有析述都適用於《十八春》——曾透露這個觀點：「我們中國人至今不大戀愛，連愛情小說也往往不是講戀愛」。當然這種提法需要更詳細的論述才能服人。而這只是私信的隻字片語，缺乏完善的解析。相關的問題不一。比如說，為何「三言兩拍」那幾個愛情故事不夠資格算是愛情小說？是不是主角的內在情思不夠形諸文字？不管怎樣說，這裡我們只要知道《十八春》和《半生緣》的企圖之一，在於彌補張愛玲心中所認為的前人小說的一種遺憾。該函摘錄如下：

書中人力求平凡，照張恨水的規矩，女主角是要描寫的，我也減成一兩句，男主角完全不提，使別人不論高矮胖瘦都可以identify with〔視作〕自己，翠芝反正沒人跟她identify〔身分掛鈎〕，所以大加描寫。但是這是這一種戀愛故事，……（略）……我們中國人至今不大戀愛，連愛情小說也往往不是講戀愛。（彷彿志清書上引他哥哥評台灣小說也有這話，說都是講petty hurts to the ego〔自我的小創傷〕）不過這本書中國氣味特濃。

我們現在回顧本文建議的謊言認證問題：僅僅指出錯誤不足以坐實謊言，我們必須證明宋淇清楚知道《十八春》、《半生緣》與《樸廉紳士》雷同之處不止於兩對夫婦婚姻不美滿，才能確認〈私語張愛玲〉欺騙。如果我們可以假設宋淇在撰寫〈私語張愛玲〉那時已獲得他關於那三部小說的基本閱讀知識，則宋淇致張愛玲的信件可以做為取證的場域。

宋淇私信多次表態支持《十八春》和《半生緣》借貸於《樸廉紳士》，但私信避免〈私語張愛玲〉那種清堅決絕。一九七七年三月十四日宋淇信：「別人的plot〔情節〕一到你手裡就會點鐵成金，《半生緣》何嘗不是借Marquand〔馬寬德〕的故事，沒有人看得出來，經我道破之後也沒有人指責。」一九八三年四月五日宋淇信：「何況你從不諱言《半生緣》也有所本，只要改編，甚至翻譯得讀者能enjoy〔享受〕，其餘都不成問題。世上只有少數傻瓜如

5 高全之，〈本是同根生——為《十八春》、《半生緣》追本溯源〉，《張愛玲學》增訂二版，頁二八〇。

鄭君居然去找了一本Marquand〔馬寬德〕的原作，來和《半生緣》對照來讀，事後發現二者之間竟然沒有什麼相似之處，大為驚訝。」值得注意「兩者之間竟然沒有什麼相似之處」，措詞比〈私語張愛玲〉（「除了二者都以兩對夫婦的婚姻不如意為題材之外，幾乎沒有雷同的地方」）模糊，彈性較大，闡釋空間較廣闊。鄭君指《張愛玲與賴雅》作者鄭緒雷（司馬新）。一九八四年六月廿二日宋淇信提到司馬新論文比較《半生緣》和《樸廉紳士》的三個意見，侃侃而談，完全不表驚奇，好像早就知道兩部小說相互鉤連，並非像〈私語張愛玲〉那樣明確硬性，簡單一句話說完就了事。

最有趣的證據是宋淇信中那句：「甚至翻譯得讀者能enjoy〔享受〕」。雖然未曾點名涉案小說，但在張宋四十多年七百多封信談西方英文小說與張愛玲小說牽扯的案例只有一個，即《樸廉紳士》，《十八春》，和《半生緣》。用字enjoy〔享受〕意謂良好反應，可能指兩個事件。其一，一九九四年四月廿二日（四月廿三日、五月五日）張愛玲信提到周作人喜歡看《十八春》連載。張愛玲記憶沒錯。根據陳子善的調查：周作人至少兩度在《十八春》連載的《亦報》上撰文提到那部小說；「周作人當時也天天讀《十八春》，而且是以評論家的眼光來讀的，讀得很仔細。對《十八春》精湛的語言技巧大為賞識，儘管他未必知道作者梁京就是已在上海文壇享有盛名的張愛玲。」[6]但我們沒有證據說宋淇在一九八三年寫信的時候就已經知道《十八春》連載曾引起周作人正面反應。其二，《十八春》在上海《亦報》連載期間有位讀者登門拜訪，倚門大哭。那事記載於水晶訪問張愛玲的文章。[7]根據一九七一年十一月六日宋淇信，宋淇讀過那篇水晶訪談文章。所以我們以這句話「甚至翻譯得讀者能enjoy（享受）」作為宋淇知情不報的證據，一點也不牽強。宋淇心知肚明：《槿廉紳士》影響《十八春》和《半生緣》不限於故事結構和兩對夫婦不如意的婚姻，有些英文中譯已直接安插入中文小說裡。

〈私語張愛玲〉掩飾《槿廉紳士》於《十八春》和《半生緣》的影響，或許擔心好事者的責難。前引一九七七年三月十四日宋淇信說「沒有人指責」，可見得曾經有此顧忌。那是過慮。拙文〈本是同根生〉指出這兩部小說同源共根於三個來歷：《紅樓夢》，《槿廉紳士》，和借腹生子的陋習。故事悲劇以及社會關懷都環繞於那個陋習，作者沒有停滯於前人作品的單源抄襲，所以讀者沒有太多理由去詬病剽竊。桑弧（用筆名叔紅）在《亦報》發表了兩篇支持張愛玲的文章。其中之一，〈與梁京談《十八春》〉，引用張愛玲的話來點明《十八春》的社會關懷：「曼璐的陷害曼楨，最主要的理由還是應該從社會的或經濟的根源去探索的。這並不是說曼璐的行徑是可以寬恕的，但舊社會既然蘊藏着產生曼璐這樣人物的條件，因此最應該詛咒的還是那個不合理的社會制度。」[8]

---

6 陳子善，〈《亦報》載有關張愛玲文章補遺〉，《說不盡的張愛玲》（台北：遠景，二〇〇一），頁一二九—一三一）。同書簡體中文版，上海三聯書店（二〇〇四），頁一四七—一四九。

7 水晶，《張愛玲的小說藝術》（台北：大地，一九七三），頁二〇。

張愛玲關切中國舊社會弊病。前例昭然在目。我曾專文討論纏足與鴉片如何支撐著張愛玲扛鼎之作〈金鎖記〉。[9]

前引張信那句「這本書中國氣味特濃」的主要理由在於，前文提到，三個根源裡的兩個：《紅樓夢》和借腹生子的陋習。三分之二當然是相當大的比率。早已有人指出：張愛玲中文小說有些句子衍生自熟知的英文句子。那種情形用在受英國文化影響的角色身上，例如〈傾城之戀〉范柳原，其實頗為合理。[10]但《十八春》和《半生緣》是「中國氣味特濃」的故事，沒有類似范柳原的人物，也無需〈桂花蒸　阿小悲秋〉的洋腔洋調。

張愛玲也許有自知之明，不止一次表示不滿意《十八春》和《半生緣》。一九七六年四月二日張愛玲信：「寫《半〇〇〔生緣〕》的時候我總叫他們吃麪，因為我最不喜歡吃麪，等於聲明『我不是這樣想。』當然這不是說我不喜歡《半〇〇〔生緣〕》，不過對它的態度與對別的作品始終不同。」前引一九七八年九月十六日張愛玲信上說《十八春》「本來是 **meant to be a potboiler**〔賺稿費用的作品〕」，也是貶意。張愛玲本來就不一視同仁自己作品。一九八八年八月卅日張愛玲信有句：「我寫過的嚴肅的作品的主角有幾個正面人物？」可見在她心目中只有部分作品夠資格算得上是「嚴肅」作品。《十八春》和《半生緣》可能排除在嚴肅作品之外。

儘管如此，我們確知張愛玲仍然認真寫作《十八春》和《半生緣》。前引一九六九年六月廿四日張信關於愛情小說的討論即其明證。前引九年後（一九七八）張愛玲說《十八春》

「結尾不那樣無法在大陸上發表」，意在解釋《十八春》佈局的特殊策略。所謂結尾，指大陸易幟之後故事主角（如沈世鈞、翠芝）自動自發的政治覺悟，政治學習，以及報效祖國的生活規劃。《半生緣》故事提早結束，所以避開那個特殊時空情況。張愛玲為了《十八春》發表而撰寫那個結局，但並未掉以輕心，耐心展示故事情境裡大陸民心轉向的邏輯、緩進、與自然。

宋淇專注大陸之外的書市，無視於《十八春》在張愛玲文學裡的重要意義。可以理解。拙文〈大我與小我——《十八春》、《半生緣》的比對與定位〉曾建議《十八春》具有五種難以忽略的文學史料價值。其中第三種足以解釋故事結尾的文學意義，而且再次證明〈私語張愛玲〉錯誤削減《樸廉紳士》於《十八春》的影響，因此或許值得在這裡一提：「《十八春》與馬寬德《樸廉紳士》同為注重反應故事時空社會風範的小說，很可能忠實記錄了大陸易手初期，大陸老百姓熱切支持新政權，看好中國前途。在此類小說裡，故事人物的時局看法不一定代表作者本人，也不一定需要政治說服力，只要可能於故事時空裡存在即可。當然本書（指《十八春》）記實不限於此。它淡筆處理蔣經國整頓上海經濟失敗，確有史實基礎。我

8　叔紅，〈與梁京談《十八春》〉，收入陳子善，《說不盡的張愛玲》，頁一四二。同書簡體中文版，頁一二五—二六。

9　高全之，〈「金鎖記」的纏足與鴉片〉，《張愛玲學》增訂二版，頁七九—九七。

10　錢定平，〈張愛玲「做案」的蛛絲馬跡〉，《萬象》，二〇〇六年六月，頁二一。

們在〈張愛玲的政治觀〉曾指出，張愛玲的政治筆墨，包括漢奸勾勒在內，大都具有歷史根據。」[11]

《半生緣》曾經在台灣受到重視。一九九九年台灣文建會委託聯合報副刊評選三十本「台灣文學經典名著」，其中小說類十本，包括了《半生緣》。這點自不待言：小說得獎並不保證留傳百世。但值得留意台灣文學界並未排斥像張愛玲那樣不在台灣生長的作家，以及像《半生緣》那種發生在中國大陸的故事。宏觀而言，政治情況是一時的，文化傳承是久遠的。未來的中華文化史家必然會注意到台灣有容乃大的文化胸襟。

周作人（上海）和聯合報副刊（台北）證明《十八春》和《半生緣》先後得到評論者的認可。這兩部小說的評價是否因為已予證實的因襲而受到影響仍有待觀察。夏志清認為褚人穫《隋唐演義》有些地方直抄《隋煬帝艷史》和袁于令《隋史遺文》，所以「我們對褚人穫的創作成就，應該重新估價。」[12]這個「創作成就」觀念需要清楚的定義。借貸與移植，如果做到天衣無縫，是不是可以視為創作，甚至成就？

四

現在我們回顧〈私語張愛玲〉的另一謊言。

在張愛玲結束加州大學柏克萊分校中國研究中心工作的前後幾個月，不知是信件遺失還是聯繫不頻繁，以下連續幾信的時距竟然長達六個月左右：

- 一九七〇年十一月七日，張愛玲致宋淇信
- 一九七一年五月廿七日，張愛玲致宋淇信（這是提到中國研究中心工作離職的第一封信，但不是涉及該事件的唯一信箋。）
- 一九七一年十一月六日宋淇致張愛玲信
- 一九七二年四月六日，張愛玲致宋淇信

我們確知解聘發生在陳世驤過世之前。一九七一年五月七日張愛玲致莊信正信：「上月他（指陳世驤）來信通知我六月底結束這裡的工作。」莊信正於此信的註解說：「這年五月廿三日——即她寫信後十六天——陳世驤教授心臟病發不治，享年五十九歲。」[13]上月指四月。陳世驤於四月份以書面通知解聘。一九七一年六月十日張愛玲致夏志清信也確認了兩個事件（解聘和陳世驤過世）的前後順序。此信報告自己與陳世驤會談不快，「隨即解僱」。[14]

11 高全之，〈大我與小我——《十八春》、《半生緣》的比對與定位〉，《張愛玲學》增訂二版，頁二九七—三一九。

12 夏志清，〈「隋史遺文」重刊序〉，《人的文學》（台北：純文學，一九八八），頁三。

13 莊信正，《張愛玲來信箋註》（台北縣中和市：ＩＮＫ印刻出版，二〇〇八），頁六四—六六。

張愛玲給宋淇的信沒有清楚交代兩個事件（解聘和陳世驤過世）的次第。也許因為莊信正和夏志清曾推薦張愛玲取得中國研究中心的工作，所以張愛玲給他們的信陳述較為仔細。大約一年後，一九七二年五月十三日致宋淇信倒是講了一個靈異事件：「（陳世驤）去世前兩星期寫便條來說將有一次很長的旅行。兩星期後我上班看見桌上擱著一份喪禮通告，不能相信自己的眼睛，連看了幾遍。所以那天晚上去弔喪回來寫信給Stephen〔宋淇〕，非常震動。」這個便條或許不是那封解聘信，因為一九七一年五月廿七日致宋淇信說陳世驤過世於廿四日。這個忌日與莊信正的提法差一天。從廿三日或廿四日回推兩個星期，便條仍在五月之內。如前所述，張愛玲在四月份就已收到解聘信。

從解聘到〈私語張愛玲〉大約五年。我們不知道在這期間裡宋淇是否有其他消息管道，如夏志清或莊信正，以便得知張愛玲離職實況。但張愛玲致宋淇的幾封信清楚交代自己在中國研究中心工作績效不佳，完全沒有明說或暗示自己離職乃陳世驤過世的結果。所以我們至少可以說〈私語張愛玲〉避談工作績效，無中生有去表述事件順序和因果關係：

濟安死後，志清推薦愛玲給陳世驤，陳世驤又是個愛才的人，就把她安插在加州大學中國研究中心做研究員。可惜愛玲晝伏夜行，與同事們極少接觸，大家無從知道她的才華，陳世驤突然去世，她的職位也就不保了。[15]

如前文所述，宋淇本人承認陳世驤是用來「抬高」張愛玲「身分」的幾個名字之一。所以〈私語張愛玲〉的結論句——「陳世驤突然去世，她的職位也就不保了。」——強調陳世驤愛才，並「予人錯覺」，暗示那個支撐貫徹始終，完全不提兩人失和的結局。張愛玲心照不宣，想必領會〈私語張愛玲〉用心良苦。

五

《餘韻》〈代序〉是另一種景象。

張愛玲離滬赴港之前，用筆名「梁京」發表《十八春》和〈小艾〉。從台灣的角度來看，這兩本小說在政治上都不正確。宋淇曾私下告訴鄭樹森，張愛玲筆名「梁京」是由桑弧取的，但始終不願公開詳談張桑關係。[16]

張愛玲確曾委託宋淇撰文解釋即將在台灣出版的〈小艾〉修訂版，措詞是「代寫」，彈性空間很大。那是一九八七年三月廿八日張愛玲信：「雖然躭擱了，還是想請Stephen〔宋淇〕

14 夏志清，《張愛玲給我的信件》（台北：聯合文學，二〇一三），頁一七一。
15 《張愛玲私語錄》，頁三八。
16 高全之，《張愛玲學續篇》，頁二六四。

代寫一篇關於〈小艾〉的短文，不用給我看了，儘快發表。」〈小艾〉收入《餘韻》。宋淇代擬《餘韻》〈代序〉，這樣解釋筆名「梁京」的來源：

> 關於梁京的筆名，不妨在這裡添上幾句話，借以澄清一下外間的紛紜猜測之詞。原來作者借用「玲」的子音，「張」的母音，切為「梁」；「張」的子音，「玲」的母音，切為「京」；絲毫沒有其他用意。至於「代序」一文，並不是指以此來代替序，而是依照作者的意旨，代為擬一篇短文向讀者報告成書的經過，特別說明如上。[17]

張愛玲尊重桑弧。一九八七年二月十九日張致鄺文美、宋淇信有句：「我非常不喜歡〈小艾〉。桑弧說缺少故事性，說得很對。」《餘韻》〈代序〉收錄這句話以及緊接連續下去幾句信文的影印，並改「桑弧」兩字為「友人」。此非引文變更而已。宋淇明目張膽，發佈（塗改過的）作者筆跡以徵「誠信」。偽造手跡，以假亂真，真是欺人（讀者）太甚。同年五月廿四日宋淇信陳述理由：「關於梁京的筆名，我想還是讓我的解釋stand（成立）好了，因為外人猜測紛紛，有人認為是『涼』『驚』的諧音，現在說是切韻，沒有人會挑眼，也不得罪任何人。…（略）…我還考慮到如何拉近你和讀者的親近感和提高序的authenticity（真實感），所以作主將來信有關〈小艾〉的看法複印了出來，間接表示對外界擅自將之發表的不滿，信中提及桑弧，我代以友人，因為他還健在，大概出身較好，運動中未見有人重點批判，多提他對他可能不好，梁京筆名是他擬的這一點，我也不預備提。」可見欺騙的動機有二。其一：排除那些與〈小艾〉礙語有關的梁京含義猜測。其二：不傷及仍在大陸的桑弧。可以理解。

宋淇曾經明確認知梁京筆名來自桑弧，因為先前（同年五月二日）張愛玲致鄺文美、宋淇信已經解釋：「梁京筆名是桑弧代取的，沒加解釋。我想就是梁朝京城，有『西風殘照，漢家陵闕』的情調，指我的家庭背景。」前引五月廿四日宋淇信表示如果要改他代筆的《餘韻》〈代序〉，時間上還來得急，但他決定維持原文，硬是扛起這個詐欺讀者的責任來。宋淇叮嚀張愛玲保密：「此信內容關於《餘韻》序，和桑弧事都不足為外人道，當然你也沒有別人可說。」

稍早（三月三十一日）宋淇信件陳述他對梁京筆名獨特而且奇奇怪怪的詮釋：

> 三月廿二日信中問起你梁京的筆名，我的猜測雖hot（大有可能正確），仍太fanciful（古怪），昨晚忽然之間給我想通了，相信我已解了這個謎：
>
> 梁——「玲」的子音consonant「L」，「張」的母音vowel「ing」——切為「梁」
>
> 京——「張」的子音consonant「Ch」，「玲」的母音vowel「ing」——切為「京」

17 張愛玲，《餘韻》（台北：皇冠文化，一九八七），頁六。

我在三月廿二日宋淇信裡找不到有關筆名梁京的提問。張愛玲瞭解宋淇咬文嚼字，一派胡言的動機是避免為自己和桑弧添惹麻煩。同年九月九日張愛玲信：「梁京筆名當然就照Stephen〔宋淇〕的解釋，我沒有預備廣播它的來歷。」這是遲來的拍板定案。《餘韻》至少在兩個多月前已出版。六月廿二日宋淇信上有句：「《餘韻》已出版，想已見到。」張愛玲無可奈何的追認裡沒有什麼憤慨。

我們還原張愛玲原文裡「桑弧」這個名字，就辨認桑弧和張愛玲友情而言，頗為要緊。陳子善記載他們在公共領域的合作：「桑弧當年與張愛玲有不少交往，他們曾兩度合作，張愛玲編劇，桑弧導演，拍攝了電影《不了情》和《太太萬歲》（前者主演為陳燕燕、劉瓊，後者主演為蔣天流、上官雲珠等，由文華影片公司在一九四七年出品）。」[18]我曾這樣解讀長篇小說《小團圓》的燕山和九莉：九莉代表張愛玲，燕山的原型為桑弧，「就兩人（燕山和九莉）戀愛的情節看來，作者刻意公告兩人（桑弧和張愛玲）確有情緣。九莉原諒燕山變心。作者不吐不快的斷語是：『燕山的事她從來沒懊惱過，因為那時幸虧有他。』」[19]

張愛玲記得桑弧提供的，關於她寫作生涯的許多進言。一九七八年四月廿三日張信：「『平淡而近自然』一直是我的一個標準。寫《半生緣》的時候，桑弧就說我現在寫得淡得使人沒有印象。」這裡「半生緣」應指「十八春」。桑弧曾「根據蘇聯小說銷路」預測中國大陸書市的強烈需求，以其為張愛玲應該留在大陸的理由。一九八八年十二月廿七日張信：「從前桑弧就舉出那樣的天文數字作為今後的market potential〔市場潛力〕，勸我留在大陸。」

桑弧勸張愛玲留在大陸，可見他早就知道她出境謀生的念頭。我們不知道那個進言是否發生在兩人戀情結束之前，是否戀人長相廝守的言語，但我們確知她的憶述毫無苦澀、譏諷、或憤慨。要說略帶溫馨也成。以此與張信稱別人勸她回大陸探親之舉為「統戰」相比，即知桑弧在她心裡的特殊地位。

張愛玲事前，甚至在收到《餘韻》的第一時間，都沒看〈代序〉。一九八七年十一月九日張愛玲信：「Stephen〔宋淇〕的信我都沒細看就收在不離手的皮包裡，因為怕丟；直到今天寫信才又看一遍，看到代寫《餘韻》序。兩本《餘韻》早已寄給莊信正，一本請他轉給志清，都沒寫上下款，也沒翻看過，根本不知道有序，只好以後再看了，相信一定妥當。絕對不是看了不滿意，不便說。」

一九八八年五月張愛玲皮膚病一時治癒之後，終於安靜下來讀《餘韻》〈代序〉。十四日張愛玲信：「等到看明白了〈代序〉是『代作的序』，就wonder〔好奇〕不知署什麼名字，猜着不會是林以亮。最後看見是皇冠編輯部，再妥當也沒有。〈代序〉是真說了許多自己不便說的，就說也沒這麼痛快。引我的信關於〈小艾〉的情節，也使這故事憑添幾分深度與未能寫成的惆悵。」張愛玲相當滿意。

18 陳子善，〈《亦報》載評論張愛玲文章輯錄〉，《說不盡的張愛玲》，頁一三八。同書簡體中文版，頁一二〇。

19 高全之，〈懺悔與虛實——《小團圓》的一種讀法〉，《張愛玲學續篇》，頁一八五。

六

張愛玲曾委託宋淇代寫《續集》〈自序〉。一九八七年十一月九日張愛玲信：「《續集》序請無論如何要代寫，不用寄來給我看了，免得又再躭擱。我確定不會追悔。」

宋淇維護張愛玲舊作出版的版稅，藉由《續集》〈自序〉大發牢騷：

我無從想像富有幽默感如蕭伯納，大男子主義如海明威，怎麼樣應付這種堂而皇之的海盜行為。他們在英美榮膺諾貝爾文學獎，生前死後獲得應有的版權保障。蕭伯納的「賣花女」在舞台上演後，改編成黑白電影，又改編成輕音樂劇「窈窕淑女」，再改編成七彩寬銀幕電影，都得到版權費。海明威未完成的遺作經人整理後出版，他的繼承人依舊享受可觀的版稅。如果他們遇到我這種情況，相信蕭伯納絕不會那麼長壽，海明威的獵槍也會提前走火。[20]

張愛玲遲至一九八七年十二月十日才看到十月十五日宋淇隨信寄來的《續集》序稿，略做修改寄回說：「代寫的序真好，可惜又躭擱了這些時，其實我不用看。」次年一月七日宋淇回信注意到張愛玲的修訂：「其中只有一處『細膩』改為『詳細』，是我們疏忽，如寫『細膩』變成自誇自了。其餘你沒有什麼意見，有些地方我們自動改了，港大文學院你改為文科，我們的定稿是就讀於香港大學，更經濟含混。」注意「含混」意指模棱兩可。重要的是張愛玲本人批准了這篇不具名，等於是自己撰寫的序文。

問題並不那麼簡單。張愛玲稍後重讀《續集》〈自序〉，有個補充意見。一九八八年五月十四日張愛玲信：「〈自序〉中自比Shaw〔蕭伯納〕，Hemingway〔海明威〕，即使不過是在版權方面，我也說不出口。這是因為Stephen不寫小說，觀點上沒十分『入戲』。」

宋淇完全同意張愛玲的補充意見。六月二日宋淇信：「〈自序〉中自比Shaw〔蕭伯納〕，Hemingway〔海明威〕，一點不錯，是我不寫小說，沒有想到觀點問題，當時只往為中國人所知的作者去想，未免太自大了。希望沒有人借題發揮，那就替你引起麻煩了。」

張愛玲滿意於沒有預先核准的《餘韻》〈代序〉，卻未盡舒心於自己修訂過的《續集》〈自序〉，原因在於文責。前者由皇冠文化出版編輯部署名，後者沒有署名，填空的當然是張愛玲。可見張愛玲注意自己中文書市名聲，沒有因為自己落泊異鄉而掉以輕心。

七

宋淇〈從張愛玲的「五四遺事」說起〉談〈五四遺事〉中英文版本差異，行文細緻，意

20 張愛玲，《續集》（台北：皇冠文化，一九八八），頁六。

見精要。[21]但這篇文章盛讚張愛玲雙語俱佳，一下子冒出了書市謊言的另一例證：「能夠兼用中英文創作的人不是沒有，經常寫得如此之流暢和自成一家，同時可自譯成英文和中文，而且都在第一流刊物上發表，那才令人佩服。」問題出自此段評論之前的五個例子裡有《赤地之戀》。其他四例是：《秧歌》，〈五四遺事〉，《怨女》，〈金鎖記〉。《赤地之戀》英文版除了香港友聯出版社的版本之外，一直找不到國外出版社印行。《赤地之戀》英文版在英語書市顛簸難行，到處碰壁，最詳細的記錄就是張愛玲致宋淇的信札。宋淇說上述五個作品「都在第一流刊物上發表」，實乃魚目混珠，掩飾《赤地之戀》英文版的困頓。

宋淇〈從張愛玲的「五四遺事」說起〉與〈五四遺事〉中英對照刊登於同期《文林》。一九七三年九月廿日張信答覆宋淇先前提出，關於那篇小說從英文翻譯成中文的幾個問題。同月廿九日宋淇報告將撰文使用那些資訊：「你信中所提各點極有用，我可以用為根據放在〈五四遺事〉中英對照之前，免得人家說這不是翻譯。我又查出了夏濟安從前寫給我的信，有關〈五四遺事〉的一段擬拍照影印出來，證明這不是我在瞎說。」由於曾在《文林》發表，〈從張愛玲的「五四遺事」說起〉內文有直接針對《文林》讀者發言的片段。

稍後宋淇至少兩度提到〈五四遺事〉曾刊於《文林》。一九七四年六月十三日宋淇信提及此事。一九七五年一月九日宋淇再度說：「〈五四遺事〉漢英對照曾在《文林》發表，不知寄過給你沒有？我現在記性壞透了，有點未老先衰的樣子，事情又多，往往顧此失彼。」目前看到的張信從未確認曾經收到那期《文林》。

我一時查不到這兩篇文章刊登於哪一期《文林》。但我們可以推算上下限。《文林》月刊總共出了十五期。一九七二年十二月十七日宋淇信報告《文林》創刊。第十五期應是一九七四年二月號。宋淇〈從張愛玲的「五四遺事」說起〉引用了一九七三年九月張信的答覆，所以該文刊於《文林》最早是一九七三年十月號，第十一期，最遲是一九七四年二月號，第十五期（最後一期）。一九七四年五月二日宋淇信說《文林》：「早已停辦了幾個月了」。

八

夏志清高度肯定宋淇夫婦對張愛玲的支持：「張愛玲離開大陸後，宋淇夫婦才是為她出力最多的至交，也是她遺囑的執行人，《對照記》上如刊印了他倆的照片，正好給她機會向二友好好表示感謝，而她並未這樣做，我覺得好奇怪。」[22]今日視之，暫且不論《對照記》是否應該收錄宋淇夫婦照片，夏志清的正面評估——宋淇夫婦對張愛玲的照顧以及「張愛玲全

21 宋淇，〈從張愛玲的「五四遺事」說起〉，收入張愛玲、宋淇、宋鄺文美，《紙短情長：張愛玲往來書信集・I》（台北：皇冠文化，二〇二〇），頁四二九。

22 夏志清，〈序〉，收入司馬新，《張愛玲與賴雅》（台北：大地，一九九六），頁一七。

集」的貢獻——已為眾所公認。

書市謊言足以證明宋淇夫婦支持的殷切。那是張宋關係裡的重要環節。但那些假話畢竟是階段性任務的執行。我們揭穿謊言，認清那個「階段」性質。現在是應該予以認清的時候了。

張愛玲的情商大於零

一

本書〈張愛玲電影版權佣金〉曾確認張愛玲支付宋淇代理電影版權佣金的慎重。那個討論牽扯著一個同樣有趣的問題：在無關財務的方面，張愛玲是否也曾在這份情誼上展示類似的仔細呢？

這種閱讀要緊，因為相關文獻，包括信件在內，在在證明人際關係並非張愛玲的強項。張愛玲私函坦承自己拙於社交辭令。我們只要印證在某些特殊情況下張愛玲待人圓熟，即可調整我們對她社交能力的整體印象。我們的目的絕非宣稱她的情商完美，我們的目的僅止於證明她的情商大於零。

我們將留意張愛玲經營這份情誼的三種努力。其一，導引三個人的交往為雙邊對應。其二，主動界定自己與鄺文美的關係。其三，在張宋關係面臨嚴重考驗之時，張愛玲化險為夷，不讓這份情誼遭受傷害。

二

我早已指出：「張宋關係應該是張（單人）和宋淇夫婦（兩個人）的對應。缺鄺文美就無法運作。張愛玲特別指出：『幸而我們都是女人，才可以這樣隨便來往，享受這種健康正常的關係，如果一個是男的，那就麻煩了。』」[1]

我們現在利用新近出版的張愛玲和宋淇夫婦信件來重新評估前引的那些意見。《張愛玲往來書信集》總共收錄七百廿五封信札，歷時逾四十年。[2]目前的規模依稀暗指某種宏觀的結構性意義，足以顯示張愛玲經營這段友誼的用心。

我們從兩方面來體會那個宏觀結構。第一方面是信札的開始。這個信札結集的開端與結束都是兩個女人的溝通。結束時候宋淇已經病重，所以完全由鄺文美執筆，自不待言。但其開端值得注意。一九五五年張愛玲在離港赴美的船上寫給宋淇夫婦的第一封信對象是鄺文美，並非宋淇夫婦兩人，雖然信中問候兩人：「你們一切都好？」這種由鄺文美來涵蓋宋淇夫婦兩人的方式奠定了他們三人未來聯繫的基調。宋淇的實務能力以及文學素養令他逐漸提供更多的幫助，但隔個太平洋，兩造對談始終在鄺文美和張愛玲的基本對應上進行。

第二方面的結構性意義來自簡單的數據分析。我們可以辨識張愛玲把三個人的交往營造成雙邊關係的企圖。發自張愛玲的有四百四十一封。如附圖3.1所示，其中致宋淇個人的

---

1 高全之，〈還原張愛玲——作者資料的使用和影響〉，《張愛玲學續篇》，頁二六三—六四。

2 張愛玲、宋淇、宋鄺文美，《紙短情長：張愛玲往來書信集．I》、《書不盡言：張愛玲往來書信集．II》。本文引用張愛玲和宋淇書信，如非特別點明，都出自這兩本書。由日期查原文非常方便，不另加註。我沿用該書編排方式，為方便讀者，在書信裡的英文之後添上中譯，標以〔〕。有些中譯直接取自該書，有些是補遺或修訂。

有八十九封。（同一封信致宋淇和鄺文美兩人的有二百八十三封，致鄺文美個人的有六十九封。）所以單獨給宋淇的信約佔出自張愛玲信件的百分之廿。

稍於比較張愛玲收信來源的數量分佈，就可體會前面提到的單獨給宋淇信比率的意義。張愛玲收自宋淇夫婦的信總共有二百八十四封，如附圖3.2所示，其中發自宋淇個人的有二百三十五封。（發自鄺文美個人的有四十八封。發自宋鄺兩人聯名的只有一封。）所以發自宋淇單獨個人的來信約佔張愛玲所收信件的百分之八十二。

也就是說，宋淇個人致張愛玲信比率大於張愛玲致宋淇個人信比率的四倍。對張愛玲而言，宋淇是業務代表、存款投資代理、紅學研究夥伴、諍友（生涯規劃，包括寫作方向）、以及小說故事顧問等等。但張愛玲個別回宋淇信的比重偏低。為何有此巨大差異？

在回答這個問題之前，我們必須承認數據殘缺不全。一九八八年八月卅日張愛玲致鄺文美、宋淇信，

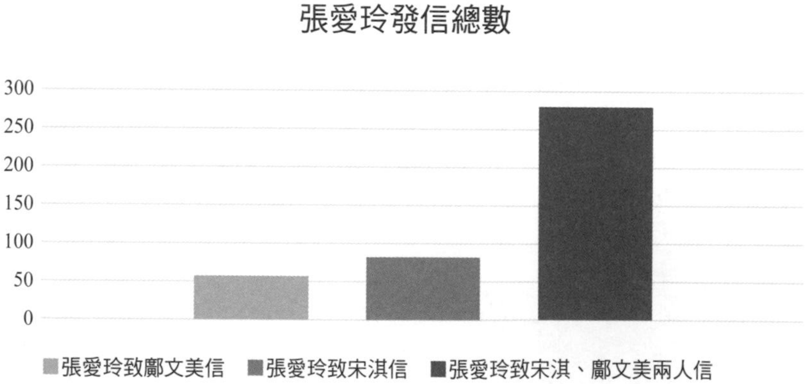

圖3.1　張愛玲發信

說搬家時誤扔掉原來保留著的宋淇夫婦來函：「臨搬走扔掉廿幾包垃圾，包括一包誤扔的保留的信件，不堪設想，有你們的信在內。」極有可能這些信件永遠不會收全了。但這並不一定意味著數值分析不可靠，因為我們可以合理假設宋淇夫婦收集和保存的信件較為接近完整。我們願意在那個質疑的陰影之下推測張愛玲回信的時候，時刻牢記這份情誼不是三人之間的三角關係，也不是她個別與宋淇或個別與鄺文美的兩個分離和獨立的交往。張愛玲始終要把這份情誼鎖定為雙邊關係：這頭是她，那端是宋淇夫婦兩人一起的整體。閨蜜關係與夫妻關係不產生矛盾。張愛玲尊重宋鄺婚姻現狀，無意製造事端。這個動機可以用來解釋張愛玲屢次宣稱宋淇夫婦是天造地設的一對。譬如一九八五年十月廿九日張愛玲致鄺文美、宋淇信，讚美鄺文美：「才德風韻俱全的女人」，「世界上只有一個」；緊接著稱頌宋淇：「獨一無二」，「古今少有的奇才兼完人與多方面的 Renaissance man（文藝復興時代的博雅之士）」。本文第四節將討論這封張信的特殊意義。

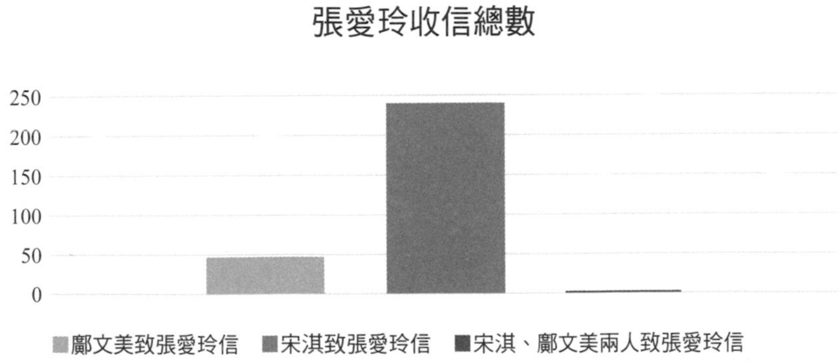

圖3.2　張愛玲收信

如前所示，宋淇和鄺文美聯名的來信只有一封，但張愛玲同一封信致宋淇和鄺文美，在所有張愛玲寄出的信件裡，佔的比率約是百分之六十四。那是個壓倒性的強調。

三

為什麼我們認為張愛玲佈局和長年耕耘，以至於這種友誼短缺鄺文美就無法運作？證據跨越幾十年，需要一一撿拾。張愛玲率先為張鄺關係定調，然後鄺文美響應了張愛玲的觀點。

一九五七年六月五日張愛玲致鄺文美信：「只恨我不在場，雖然不能幫你洗燙侍疾買東西，至少可以給你做個 ventilator〔傾訴的對象〕，偷空談談說說，心裡會稍微痛快些。」一九九二年四月六日鄺文美致張愛玲信有句「傾訴的對象」，正是此英文單字在人際關係裡極佳的中譯。張愛玲希望自己是鄺文美可以暢所欲言的摯友。《書信集》中譯 ventilator 為「垃圾桶」。欠妥。形成心理壓力的情緒不一定是垃圾。這個英文單字常見的一般性字義是紓壓器。疑惑、困擾、煩躁、委屈、憤怒等等情緒累積起來，在心裡形成壓力，一旦說出，壓力因而減少。

一九五九年一月十一日張愛玲致鄺文美信，再次提到那個「傾訴的對象」的概念：「我可以想像你每天趕來趕去的倉皇情形，真恨我不在場，否則你隨時能偷空訴說一通，至少會稍微心裡鬆動一點。」一九八〇年六月十五日鄺文美致張愛玲信認可了張愛玲自願扮演的角色：「一直想瞞住你，不讓實情破壞了你心日中美好的形象，（我珍視你的友情才這樣想，你一定瞭解。）今天實在憋不住，終於告訴了你，心裡立刻一輕鬆。」

但那個紓壓的機制並非單向而行。一九五五年十二月十八日張愛玲致鄺文美信，坦言對方是自己傾吐心事的對象：「我仍舊無論什麼事發生，都在腦子裡講給你聽」。孤獨令張愛玲覺得自己和宋淇夫婦的信件對話勝過見面聊天。一九六九年六月二十四日張致鄺文美信：「我常常用你們衡量別人的事，也像無論什麼都在腦子裡向你們絮絮訴說不休一樣，就連見面也沒這麼大的勁講。」一九九二年三月十二日張愛玲致鄺文美、宋淇信：「前兩天大概因為在寫過去的事，勾起回憶，又在腦子裡向Mae〔鄺文美〕解釋些事，（隔了這些年，還是只要是腦子裡的大段獨白，永遠是對Mae〔鄺文美〕說的，以前也從來沒第二個人可告訴。」同年四月六日鄺文美回信，坦然接受那個隔洋知己的託付：「尤其令我感動的是：我們睽別多年、至今你還把我視為傾訴的對象，在腦子裡頻頻解釋許多事情……真不可思議！語云：『海外存知己，天涯若比鄰』，這是又一明證。」

一九九二年九月廿九日張愛玲致鄺文美信，再度重提那個安靜無聲，但執拗確然的傾訴習慣：「我至今仍舊事無大小，一發生就在腦子裡不嫌囉唆一一對你訴說，睽別幾十年還這樣，很難使人相信，那是因為我跟人接觸少，（just enough to know how different you are〔可知你如何與眾不同〕）。在我，你已經是我生平唯一的一個confidante〔知己〕了。」一九九三年三月十日鄺文美致張愛玲信，再度同意並接受對方的依賴：「想不到睽別幾十年後，你依然把我視作生平唯一知己，我怎不深受感動？」

那個雙向溝通的性質至此昭然若揭。一九九三年四月十四日鄺文美致張愛玲信：「其實我腦子裡也有許多話要對你說，只苦於無從表達。」

四

張愛玲克服了張宋情誼的兩大挑戰。本書〈張愛玲的真人實事〉討論過第一個挑戰：慧龍版《赤地之戀》事件。現在我們回顧第二個挑戰。姑且稱之為水晶事件。一九八五年九月廿一日水晶在台北《中國時報．人間副刊》發文〈張愛玲病了！〉，披露張愛玲為了逃避跳蚤而在美國加州洛杉磯居無定所。（「居無定所」是她自己的措詞，見本書〈張愛玲的不速之客〉所收，一九八八年五月八日張致痖弦信。）當時水晶也住在洛杉磯。宋淇原意是私下簡報張愛玲近況，希望水晶能夠就近照應張愛玲。不料水晶料定張愛玲不會理睬自己，既得一封張信的部分影印，就搶先撰寫獨家報導。當時張愛玲新聞相當灼熱，水晶因此出了點風頭。一九八五年十二月十五日，宋淇信報告：「水晶一文餘波蕩漾」。二〇〇七年，水晶文章收入蘇偉貞編《魚往雁返：張愛玲的書信因緣》，台北允晨文化出版。水晶的動機絕非惡毒，但該文照實引用張信內容，並點名宋淇為張信來源，令宋淇擔當起洩露張愛玲隱私的罪名。

慧龍版事件和水晶事件都涉及朋友之間的信任問題，但嚴峻的情況不同。前者是張犯錯，引起版權糾紛。後者乃宋闖禍，關乎個人隱私。

一九八五年九月廿七日，鄺文美率先致信張愛玲，為宋淇求情。信文懇切，再度證明鄺文美是張宋關係的定海神針。鄺信這幾句話值得一讀：「我想起來就氣得索索抖。你儘管寫信來責罵他（他自知該罵，甚至該打），但千萬別因此不再理睬我們。你是我倆共同的知己，我們異常珍視這份真摯悠久的友情，這一點你自然明白。Stephen〔宋淇〕只是凡人，難免有愚昧的時刻，現在我虔誠地代他求情，請你予以曲宥，你不會拒絕吧？」次日（廿八日）宋淇信負荊請罪，報告事件的來龍去脈，承認自己曾影印「三月十五日」張愛玲致宋淇夫婦私函的「前一大半」給水晶。

水晶文章只說那是「最近一封（張愛玲）寫給宋淇夫婦的信」，沒提信函日期。或許宋淇沒有告訴水晶該信的確實日期。比對《書信集》和水晶文章，這很清楚：影印的張信日期應為三月十七日，不是宋淇（九月廿八日信）說的三月十五日。大概宋淇筆誤或《書信集》誤植。

宋淇夫婦明知張愛玲為了擺脫（自己以為有的）蚤患，在洛杉磯的汽車旅館之間流浪，狼狽不堪，但兩人道歉的身段仍然不能再柔軟不能再低。張愛玲的反應尤其值得注意。一九八五年十月廿九日，張愛玲回信，四兩撥千金：「Stephen〔宋淇〕千萬不要再難過了，萬一影響健康，又該我悔恨了。」前文曾引述這封信的誇張筆墨，直陳宋淇夫婦個別以及配對的雙重完美，強調他們予自己的重要。張愛玲展現最大程度的諒解，完全沒有張信偶現的潑辣或刻薄。這下子好了，或可危害甚至中止溝通的陰霾就此一掃而空。同年十二月十五日，同一天，鄺文美和宋淇個別回信致謝。鄺文美信：「看了你的信，不禁暗歎：Eileen〔愛玲〕真是我們的知己！Stephen〔宋淇〕闖了大禍，你不加責怪，反而替他譬解，譬為Renaissance man〔文藝復興時代的博雅之士〕……若非肝膽相照，天下那有這樣的朋友？」宋淇信：「收到你十月廿九日航簡，知道你能諒解我的『軋扁頭』的苦楚，心中為之一鬆。」肝膽相照，誠哉斯言。

在《書信集》裡，蚤患見諸信函，始自一九八三年十月十日，終於一九八八年二月十二日。在那大約四年四個月的期間，張愛玲沒有露宿街頭，保住老命，而且冷靜處理水晶事件，足見一直有神智清醒的時候。她的困難是一度沒有信得過的、瞭解居住地醫療資源的人可以商量。最後聽從鄺緒雷的推薦，找到適當的皮膚科醫師診治，結束四處奔走的生活。宋淇知道自己遠水不能救近火，去信求助水晶，當然可以理解。

五

張宋情誼終生不渝，在於雙方的合作和共同的努力。僅僅視其為單方向的施援（宋淇夫婦）和受惠（張），就忽略了張愛玲——在張宋關係上——情商的高度。

張愛玲電影版權佣金

一

錢穆《中國史學名著》不止一次提到讀書必須進一步去留意作者本人。這種讀書習慣並非限於史學著作而已：「書的背後必該有人，讀其書不問其書作者之為人，絕非善讀書者。諸位不要認為書寫出便是。」[1]據此我們可以理解許多「善讀書者」好奇於張愛玲本人的種種資訊：生平，思維，價值觀念，個性等等。常見的張愛玲個性敘述多半與孤寂有關。那些看法並無大礙。但我們不能因為那個顯著的特點而忽略其他可能。張愛玲與常人無異，個性可以繁複。我們追蹤她處理電影版權——她一生中最大宗的幾筆收入——的態度，即可體會其個性的另一種面向。

宋淇信件報導的電影版權談判過程每每曲折。我們避繁就簡，專就佣金這件「小事」，體會張愛玲謹慎細心和她的電影版權代理人（宋淇夫婦）交往。

張愛玲受人幫助，如有金錢收入，經常主動要支付佣金。小說改編電影版權的金額較大，情況尤其顯著。一九六六年十二月卅日致夏志清信提到《赤地之戀》電影版權賣給中影公司，宋奇（淇）經手，拿了commission（佣金）。同信建議如果「十八春」（指當時正在改寫，猶未命名的「半生緣」）電影版權由夏志清、平鑫濤促成，應該各拿百分之十的佣金。夏志清為該信寫的按語顯示了文學評論家的銳利觀察：「我想她（指張愛玲）不習慣用中文談金錢出入的事，用 commission 這個字比較大方一點。」按語特別說明自己不會收受佣金：「她

（指張愛玲）不時在信上提到要給我此一commission，我當然不會拿她一分錢的，但她翻譯〈金鎖記〉所得的酬勞費可能只有四百美金，連五百元都不到，我總覺得有些對不住她。」[2] 按語不提「十八春」電影劇本。因為當時沒有（至少信件裡未提）那個電影版權實際接洽的事情可說。根據一九六七年六月十三日宋淇致張愛玲信，《赤地之戀》電影版權沒有賣成。[3]

張愛玲要夏志清拿佣金是表達謝意。但「佣金」兩字有時會衍生畸義。佣金是許多商業活動裡的規費。比如房地產經紀人或職業介紹所的服務酬勞就是佣金。這些專業服務的目的雙重：既是經紀人收入，也是客戶福利。專業動機多重，並無對錯可言，

張愛玲當然知道夏志清熱忱施援，無意圖利。但「佣金」措辭直搗黃龍，明指「金」錢利益。張愛玲在中文脈絡以英文字commission代之，避免隱射對方動機原本多重，強調所謂利潤純粹是由發言者（張愛玲）建議而產生。在字面上緩衝一下，以免冒犯。

在幾位眾所周知的張愛玲「貴人」（夏志清、莊信正、劉紹銘、宋淇）裡，只有宋淇涉及她的財務。在這方面宋淇有件事值得稱道：經手賣出四部電影版權（〈傾城之戀〉、《怨女》、〈第一爐香〉、〈紅玫瑰與白玫瑰〉），電影版權費成為張愛玲生前存款最主要的來源。

1 錢穆，《中國史學名著》（台北：三民，一九七三），頁一〇一。
2 夏志清，《張愛玲給我的信件》，頁七六—七八。
3 張愛玲、宋淇、宋鄺文美，《紙短情長：張愛玲往來書信集．I》，頁一五一。

一九九二年四月五日宋淇致張愛玲信，總結報告財務，指出張愛玲在香港存款主要來自這四部電影的版權收入：「這是基本資金，再加上版稅，當時買入外幣時價錢低，多年來利息滾存不動，所以會有今天。」[4]

綜上所述：張愛玲在乎支付電影版權佣金，宋淇經手賣出四部電影版權，張愛玲致夏志清信上以 commission 取代「佣金」。那麼問題很清楚：張愛玲如何向宋淇表達佣金的概念呢？

我沿用台北皇冠文化出版有限公司《張愛玲往來書信集》編排方式，為方便讀者，在書信裡的英文之後添上中譯，標以〔〕。有些中譯直接取自《書信集》，有些是補遺或修訂。

二

一九八三年十一月廿一日宋淇致張愛玲信首次報告可能出售〈傾城之戀〉電影版權，並代擬張愛玲覆信，覆信上委託宋淇為「全權代表同對方洽商」。宋淇這個動作並不唐突。早於一九七五年十一月五日張愛玲致宋淇信已做如此妥託：「我想以後不如就照西方代理人一樣全權處理，不要特為寫信來問我，省點時間。我從來又沒什麼意見，除了覺得在這情形下也不能再好了。錢最好也經過你那裡，當然這一點如果麻煩就算了，我每次收到錢告訴你一聲。」這點重要：全權代表之議最早出自張愛玲。[5]

一九八四年一月十六日宋淇致張愛玲信確定〈傾城之戀〉電影版權以一萬五千美元賣給

邵氏公司。同年三月廿六日張愛玲致宋淇信說要寄一千美元給宋淇夫婦。此信避免使用「佣金」或commission的字眼：「電影版權費由皇冠經手就全數寄給我，我再寄$1000來，留着等隨便什麼時候Mae〔鄺文美〕給Stephen〔宋淇〕買點用得着的小奢侈品，好讓我心裡舒服點，千萬不要見外。舞台劇的錢就以後再說了。」此時張愛玲正在洛杉磯旅館之間流浪，居所不定，忘了那個電影版權（不包括舞台劇）賣了一萬五千美元，以致此信建議的數額不夠百分之十。同年六月十日宋淇回信婉轉解釋香港電影界有百分之十佣金的行規，但願意接受並處理數額不足的支票如下：「在收到15,000之後請你寄一張1,000的支票給我，抬頭寫Stephen C. Soong〔宋淇〕好了，我可以給兩位中間人看，然後分給他們兩人，這是電影界的行規，我已經先堵死了他們可能提出的10%要求」。可見談判過程裡有兩位中間人。張愛玲這下懂了。同年六月廿六日張愛玲信說在原來一千五百美元（張愛玲講錯了，其實是一千美元）之外補寄兩千美元。宋淇一共收到兩張支票，總數三千美元。七月五日宋淇信說寄回一千美元支票，收下兩千美元，一半（一千美元）給兩位出力的中間人分，自己收另一半（一千美元）。宋淇沒提兩位中間人的姓名，並解釋是現金交付，沒有收據。同日鄺文美特別寫信給張愛玲致謝。[6]

---

4 張愛玲、宋淇、宋鄺文美，《書不盡言：張愛玲往來書信集・II》，頁四九三。

5 同前註，頁一八六—一八九；上冊，頁二七六。

一九八四年七月十七日張愛玲再寄張一千美元支票，湊足兩千美元，等於要在行規的百分之十（一千五百美元）之上添加五百美元，一共付宋淇兩千美元。信上有句：「本來說給Stephen〔宋淇〕一千五，是代理人例有的十分之一，其實代理人哪有甚至於還代擬信稿的？而且麻煩層出不窮，有些是我造成的，沒結沒完，實在過意不去，所以寄了兩千來，稍微心裡舒服點，千萬不要再還我一千。當然我知道〈傾城之戀〉是我的作品內唯一適合拍電影的，不會再有第二部跟進。…（略）…但是〈傾〉片送Stephen〔宋淇〕這麼少錢，我無論如何覺得不對。」。七月廿六日鄺文美再度致信感謝。[7]

宋淇後來為張愛玲賣了更多電影版權。《怨女》電影（不包括舞台劇、廣播劇、電視劇）版權費一萬五千美元。宋淇拿了十分之一佣金。張愛玲糊里糊塗，一九八七年五月十八日致宋淇信：「才想起來Stephen〔宋淇〕代賣掉《怨女》電影版權，我都忘了送15%代理費！」，「這裡補寄來$2250，無論如何一定要收下，讓我心裡舒服一點。」六月二日宋淇致張愛玲信只好重複報告《怨女》電影版權賣價以及佣金資訊，澄清是百分之十，不是百分之十五，並報告〈第一爐香〉電影版權賣價一萬八千美元，宋淇領取佣金一千二百美元。同信總結三個電影版權的收入：「〈傾城〉賠本，《怨女》停拍，〈第一爐香〉半年來沒有下文，那是他們的事，你反正已淨到手ＥＣＵ〔歐洲貨幣單位〕39,000了。」我們在下一節將簡要討論這個態度。

一九九〇年一月卅一日，宋淇報告賣出〈紅玫瑰與白玫瑰〉（電影名稱「紅玫瑰白玫瑰」）

電影版權，二月廿六日報告賣價為一萬八千美元。宋淇和另一中間人均分三千，作者淨收一萬五千美元。但張愛玲以為賣價是一萬五千美元，不知道佣金已先扣除，還特別寄了百分之十五去。宋淇答覆如下：「$2250你寄來作為我代你賣出〈紅玫瑰與白玫瑰〉的酬勞，大可不必，因為我如上面所說早已扣除了，現將原支票退回。你我數十年交情，我應該取的錢，絕不會同你客氣。至於我能賣得出和賣好價錢，那是憑我以前多年在電影界的資歷，無非碰巧，並不是由我賣老命去削尖了頭弄來的。」宋淇扣除三千，多於百分之十（一千八百），但與另外一個中間人均分之後，實際拿到的（一千五百）其實小於百分之十。可以理解。[8]

四年後張愛玲竟然忘記這篇小說電影版權已賣出，要請皇冠出版社律師去追討電影版權費。宋淇病中回信彙報那個電影版權確已賣掉。張愛玲終於明白了，並致函表示內疚。[9]

皇冠文化出版「張愛玲全集」和電影版權穩定了張愛玲下半生的生計。宋淇認為兩者有其區別，所以在指出「邵氏究竟是米飯來源，犯不著得罪它」之餘，不忘提醒張愛玲注意經營「全集」：電影版權收入是「外快」，皇冠文化出版每年版稅收入則是「衣食父母」，「皇冠對你說來，仍是衣食來源之一」，「其中輕重一定要分清楚。」[10]

---

6 同前註，頁一九四、二〇六、二一八、二二一、二二二—二三。
7 同前註，頁二二五—二六。
8 同前註，頁三九四、四〇四—四〇五。
9 同前註，頁五三八、五四〇、五四三。

三

前文提到宋淇信上高興電影版權趕在電影製作困難或票房慘淡之前出售。那只是退而求其次，相當無奈的說詞。宋淇經手的四部電影自開拍到上映並非全都順利。〈第一爐香〉影片甚至遲至張宋兩人身後才完成。宋淇絕非唯利（佣金）是圖的代理人，愛屋及烏，非常在乎這些電影的聲譽和票房。

信札裡討論四個賣出的電影版權，《怨女》彙報篇幅最多，那也是宋淇（以及張愛玲）曾經對電影成品寄以厚望的例證。一九八八年四月一日宋淇信轉述臺灣中央電影公司走馬換將導演和女主角的新聞：「附上中央公司的宣傳稿，《怨女》一片大概已煞〔殺〕青。他們原來想給楊惠姍演的，楊曾屢獲最佳演技獎，導演是張某人（名字一直想不起來），張的太太是蕭颯（名小說家和編劇），三人一向被稱為鐵三角。誰知張和楊二人在外同居了很久，就瞞蕭一人，蕭於是寫了一篇公開信給張，登在《中時》的《人間副刊》上，結果博得所有的人同情，張和楊二人就此遭觀眾杯葛，張大概從此沒人請教，楊尚有合同，但無戲可拍。中央公司後來找我，要將《怨女》換〈金鎖記〉，我不答應。然後他們另找導演，新進的但漢章，演員也換了香港女星夏文汐，我看見過幾張造型照，很不錯。中央公司原來目的是用張和楊拍，然後參加影展，得獎後再在台灣公演，因為明知《怨女》不會賣座。現在情況就不得而知了。」[11]宋淇想不起名字的導演是張毅。

中央電影公司想換《怨女》為〈金鎖記〉的事有筆補充資料。鄭樹森這樣回憶但漢章生前所說的拍片經驗：「但漢章買了《怨女》的版權，並得到台灣中央電影製片公司的投資之後，發現了一個問題，說是：〈金鎖記〉其實比《怨女》好，買錯東西了。這下子怎麼辦呢，祇好在改編上盡量往〈金鎖記〉那邊挪。所以我們今天看的《怨女》，其實但漢章有些進退兩難的局面，他不能整部的往那邊改，惟有盡量把一些意象搬過來，但是到拍完之後，他又發現在色彩方面有很多不如意的地方。所以他一直很想在美國再沖印一遍，雖然他做了大部分的籌備工作，但是事情因為他的逝世就一直沒有完成，非常可惜。」[12]

《怨女》影片在台灣上映的口碑和票房都不壞。一九八八年四月十九日宋淇信：「《怨女》在台北上映，據朋友說，票房比一般台製片好，但無法和港片比，附上影評，大家總算很捧場，只要不『惡評如潮』就算不錯。李昂寫了一短文，也影印了給你一閱。《皇冠》還借機會為《怨女》的書做了廣告。」[13]

宋淇相當期待《怨女》影片在國外揚眉吐氣，所以大表失望該片在坎城影展沒有得獎。一九八八年六月二日宋淇信：「《怨女》送去Cannes〔坎城〕參加影展，原本希望走偏鋒可以

---

10 同前註，頁一五八、二二二、二二四。

11 同前註，頁二七四—七五、二九五、二九九、二九八—三〇〇、三二七、三三四、三四三。

12 鄭樹森，〈改編張愛玲〉，《從諾貝爾到張愛玲》（台北縣中和市：INK印刻出版，二〇〇七），頁二四〇。

13 張愛玲、宋淇、宋鄺文美，《書不盡言：張愛玲往來書信集・II》，頁三三〇。

撈一個小獎，結果鎩羽而歸。片子本身沒有吸引力，女主角夏文汐是香港不見經傳的女星，沒有票房價值，可能香港排不上期上演。」[14]

張愛玲大概沒看過《怨女》電影，但顯然信任宋淇評價，同感失望，即刻退縮到在商言商的谷底，慶幸電影版權已經賣出。一九八八年八月卅日張愛玲信：「《怨女》影片我看影劇新聞就知道非常壞。是真幸而那一向一窩蜂買我的小說的電影版權，稍緩就沒人要了。」[15]這種谷底情緒是宋淇意見的迴聲。早些時候，六月二日宋淇信重複了僥倖的概念：「幸虧那時候走運，一連串賣出三個小說的電影版權，如果分開幾年，第一套〈傾城〉一上，一炮不響，說不定另兩套根本無人問津了。」[16]

得獎期待不切實際，相關非難有欠公允。一九八八年九月十日宋淇信：「《怨女》有copy〔影片複本〕來香港，排不出期，大概香港不可能上演。《怨女》本指望參加影展得獎，結果落空，……（略）……《怨女》之得不到獎乃意料中事，洋人現在不容易騙。」[17]此為私函，不是公開發表的影評或學術報告，所以我們無需責其以得獎與否做為褒貶的唯一準繩，而且沒有解釋《怨女》影片如何欠妥。《怨女》影片參展，意圖欺騙洋人的證據在哪裡？為何國產電影需要洋人認可才算過關？那些問題都懸而未決。但我們至少可以同意這點：從六月二日「原本希望」轉變為九月十日「乃意料中事」，宋淇接受了眼前的現實。

但漢章一生最快樂的時光大概就是執導《怨女》影片。張錯教授曾告訴我：在南加大每次教到〈金鎖記〉小說都順便放《怨女》影片給學生看，學生反應熱烈，教學效果非常好。

附圖4.1是但漢章在張錯家聚餐的照片。左起：張小雅（張錯女兒）、但漢章、高全之、胡金銓、鄭佩佩、蔡瀾。

四

張愛玲致宋淇夫婦信件罕見使用英文字commission來指稱宋淇的佣金。有個使用該字的例子，但那與宋淇夫婦無關，講的是洋人沒能說服出版公司支持翻譯《秧歌》和〈金鎖記〉。[18]

為什麼張愛玲致夏志清信上以

14 同前註，頁三三四。
15 同前註，頁三四一。
16 同前註，頁三三四。
17 同前註，頁三四三。
18 同前註，頁三六一。

圖4.1：但漢章與友人聚餐（照片來源：張錯）

commission取代「佣金」，然而在致宋淇信上更進一步，根本不用commission呢？可能的原因是刻意因人而異。夏志清毋庸置疑，是國際知名的學者。宋淇乃有文學素養的實務人才。宋淇面對內心景仰的作家，高度警覺於自我評估，在致張愛玲信上多次自況：「我有一個好商業頭腦」，「你看我像不像斤斤計較的市儈？」，「我這帳房」，「有人說我是外匯wizard〔巫師〕」。[19]有鑑於此，張愛玲最初訂定宋淇代理電影版權的規費，明明是常見的近代商業動作，卻婉轉陳請鄺文美為宋淇「買點用得著的小奢侈品」。就字面意思而言，張愛玲要宋淇收的是份謝禮。在思維的參考系統裡或可上追孟子〈萬章篇〉所說：「其交也以道，其接也以禮，斯孔子受之矣。」以下是《新譯四書讀本》的白話譯文：「只要他是以道義相交、以禮節相待，這樣就是孔子也會接受他的禮物的。」[20]張愛玲不要commission那個英文字去不小心市儈化帳房化或貶低對方，好像說對方貪圖佣金才做某件事那樣。後來在信中，如前所述，最大限度、直言不諱的措辭是「代理費」。張愛玲很少對宋淇夫婦使用這個措辭。大概就只一次。

從孟子「卻之不恭」的角度去看，宋淇原本並不主動要求電影版權佣金，然後順應張愛玲回饋朋友的誠摯，收受電影版權佣金，並不表示貪財。待兩人規費確定後，宋淇在新的電影版權費內自動扣除自己（以及其他中間人）佣金，以免張愛玲隔洋操心，也是朋友之義。電影版權佣金數額較大。量變質變。宋淇並未為其他服務項目收費，比如安排稿件發表、規劃「全集」、代筆書序、外幣投資理財、分析台港書市動向、以及舞台劇版權等等。張愛玲念念不忘宋淇規劃「全集」的功勞，一九九〇年二月十六日致鄺文美、宋淇信說：「前信說將來《赤地之戀》、影劇集版稅應該給Stephen〔宋淇〕15%，其實《續集》《餘韻》全是Stephen〔宋淇〕無中生有製作出來的，我是沒想到，以後非得照收條表格上這兩項付15%，好心安一點。」宋淇三月十八日回信：「你信中提及《赤地之戀》、《餘韻》、《續集》要分版稅給我，簡直匪夷所思，荒謬之至，你想我們會收嗎？」張愛玲四月九日信再次堅持：「下次收到皇冠版稅，請把《餘韻》、《續集》的版稅抽15%後再代買外匯，這兩本是Stephen〔宋淇〕設計收集的。不然我只好多費點事，打聽了匯率，約合美金寄來。」事後宋淇全然忽略張愛玲那個請求。[21]

五

張愛玲珍惜宋淇夫婦的友誼。一九五八年三月卅日張信：「我始終對於金錢來往影響友誼這一點懷著一種恐懼」。那種淡化金錢收受、強調謝禮的態度延伸到遺產處理。一九九二

19 同前註，頁三八三、四〇三、四三二、四八三。
20 謝冰瑩等編譯，《新譯四書讀本》（台北：三民，一九八七），頁五五五。
21 同前註，頁四〇一、四一一、四一四。

年二月廿五日張信交代自己遺囑，如果死後香港儲蓄還有餘款，兩個處理原則如下：「用在我的作品上」以及「給你們倆買點東西留念」。[22]那第二部分是類似佣金支付的客氣話：知道你們不在乎錢，就買點東西，讓我略表謝意吧！夏志清認為張愛玲《對照記》應該刊印宋淇夫婦照片以表示感謝。[23]遺產處理第二原則的意義在於：張愛玲確已私下盡了禮數，感謝宋淇夫婦的幫助。

舉目所見，卷帙浩繁的張愛玲性格析論大多注意到孤僻、待人欠周、難以相處等等方面。但張愛玲個性裡確有並未廣為人知的厚重圓融。這位作家身在異鄉，曾一度忘記古訓「人之患，在好為人師。」出自孟子。[24]但她支付電影版權佣金，展現的正是孟夫子認可的朋友之間的禮貌。

頗有古風。

22 同前註，頁四八四。
23 夏志清，〈序〉，收入司馬新，《張愛玲與賴雅》，頁一七。
24 張愛玲、宋淇、宋鄺文美，《書不盡言：張愛玲往來書信集・II》，頁四〇八—一一。

張愛玲的真人實事

《赤地之戀》版本簡史

多年前我動筆寫《張愛玲學》，決定先行處理爭議性較高的議題。[1]順理成章，最早探討的就是《赤地之戀》。

二〇二〇年九月台北皇冠文化出版有限公司兩冊本《張愛玲往來書信集》提供了張愛玲與宋淇夫婦的信札，從張赴美（一九五五）到過世（一九九五），歷時四十一年。信函涵蓋範圍遠大於任何單篇張愛玲作品。

意見必須跟著數據走。這批信札可以補充與修正我的張論。迎面而來的正是《赤地之戀》。《書信集》澄清了《赤地之戀》版本演進過程的一些細節。從一九五四年香港天風版開始，經過一九五六年香港友聯版（英文）和一九七八年台灣慧龍版，到一九九一年台灣皇冠版為止，幾個懸而未決的資料學問題得以解決。我們現在可以看清這部作品起起伏伏，在張愛玲的文學生命裡具有重要指標性意義。

為節省篇幅，本文引用信件，如不標明發信者，則為張愛玲，如不標明受信者，則為宋淇或鄺文美或兩人。如果信件的時間不重要，則在引文之後標示上冊或下冊，及其頁碼。

二

一九五五年張愛玲赴美之前，英文版《秧歌》已經在美國出版，英文版《赤地之戀》由同一代理人莫瑞・羅德爾（Marie Rodell）尋找願意合作的出版公司。一九五五年十二月十八日信，報告美國出版公司塔普林格（Taplinger）拒絕出版英文版《赤地之戀》。同信說張愛玲接著自己張羅，已經「稍微刪改整理」書稿，交給香港美新處處長理查德・麥卡錫（Richard M. McCarthy）介紹的弗里爾（Frillmann）去設法。一九五六年三月十九日報告沒成。

同年八月十八日信，張愛玲收到新出爐的香港友聯版《赤地之戀》。該書版權頁註明不得在英國，加拿大，以及美國出售。也就是說，友聯版自甘禁足於英文讀者有限的東南亞市場，其聊備一格的目的在於幫助赴美打天下的作者。

一九五七年二月二日信，說寄此書給美國戴爾出版公司，希望收入該公司的軟裝本系列（Dell paperbacks）。同年三月廿四日報告該公司有位編輯「對這書提出許多意見，並要縮短，說，『你如果能想出辦法解決這些問題，請來面談。』」張愛玲聽說該公司可預支至少三千元版稅，「覺得機會不可失」，就「擬了個刪改的大綱，約了時間到紐約去見他。討論了一下午，這人確曾經下了番工夫研究這本書，批評也在行。他不贊成我那樣大段的刪，這倒不成問題，但他認為癥結在男主角太沒有個性，這一點卻難，我無法立時三刻塑出另一個個性來，要慢慢的成型。現在他答應在兩星期內給回音。」張愛玲當下知道「這筆生意成否尚在未定之天」。同年四月十九日信報告結果不成，但仍有別的機會：「《赤地》的軟裝本結果不成交，我想再試試別處，因為Mrs. R.〔莫瑞・羅德爾〕現在承認除Taplinger〔塔普林格〕外

---

1 高全之，《張愛玲學》增訂二版。

只試過兩家出版公司，包括Scribner〔斯克里布納〕。」所以曾經出版英文版《秧歌》的斯克里布納公司也已拒絕。

很有意思。我曾認為張愛玲在美國沒有像一九八三年諾貝爾文學獎得主英國作家高定與出版公司編輯商討修訂以致出書的機會。[2]那個猜測欠妥。張愛玲曾有類似的機會，但沒能說服對方繼續支持。

《赤地之戀》英文版最後一次在美國遭到回絕，記在一九五七年八月四日信上：「《赤地》又有一家出版公司看了作樣品的三章感到興趣，看了全書又回絕，說不宜『紙裝本』」。代理人羅德爾那方面「仍消息沉沉」。

我曾說：「英文版志在打開英美書市，譯寫之時張愛玲已離港赴美，不必受制或取悅於香港美新處。」[3]那種提法需要澄清。張愛玲赴美之前，友聯版應已付印。張在美國曾以兩種形式請美國出版公司審查：書稿（部份或全部）的修訂版以及印製好的友聯版。前者今已不存。她為了自己的生存而謀求《赤地之戀》英文版在美國出版，不是為了取悅香港美新處。

從此開始，這批張宋私信不再提《赤地之戀》英文版的事。當年用這部英文小說作為繼《秧歌》之後打入英語書市第二塊敲門磚的計劃完全落空。

相關的轉型產品幾乎毫無反響。一九五六年，《赤地之戀》可能曾在美國之音廣播電台播放，廣播劇本由別人編撰。（上冊，頁三四）張愛玲認為那個劇本「不忍卒讀」：「當然我知道改編的困難。可是我覺得最低限度仿彿應當做到正反分明，而這裡開始的時候在火車上，劉荃說的話卻處處引人起反感，張勵倒成了個較使人同情的角色，至少給我的印象是如此。其他我也不想多說了。」（上冊，頁三六－三七）

中文版《赤地之戀》曾賣出電影版權。但詳情不大清楚。一九六六年十二月卅日，張愛玲致夏志清信提到由宋淇經手，《赤地之戀》電影版權賣給中影。[4]可惜有些宋淇致張愛玲信已流失。目前看到的主要是一九六七年六月十三日，宋淇致張愛玲信的簡述：「附上《赤地之戀》電影版權合同，對方據說因牽涉在販毒案中，人已逃離港，好久沒有消息了。合同當然等於無效。」（上冊，頁一五一）前後兩信（張致夏、宋致張）所指或許是同一件事。

電視製作的興趣稍縱即逝。一九八五年台灣女明星張艾嘉想監製《赤地之戀》電視影集並飾演戈珊一角。張愛玲顯然知道張艾嘉，認為「她可以演戈珊」，授權宋淇談判，並要宋淇向張艾嘉為自己遲覆而「道歉」。後來張艾嘉自動放棄，原因是：「電視台方面曾向當局請示，據說有幾段還是不能通過拍攝，這也是當時皇冠印好了不許發行的原因，張艾嘉說大概戈珊那一部份有問題，所以與其被剪，不如乾脆不拍。」事後宋淇慶幸未成：「《赤地之戀》幸而沒有拍電視，因電視水準太低，因陋就簡，……（略）……編成電視劇之後，反而會影響到

2 高全之，《張愛玲學續篇》，頁二六六。
3 高全之，《張愛玲學》增訂二版，頁二一九。
4 夏志清，《張愛玲給我的信件》，頁七六。

你作品的形象。好在他們根本也出不起版權費。」張愛玲同意：「我在此地TV上看過台灣連續劇，知道可能多麼壞。」宋淇理想高，難以接受台灣電視連續劇水準。一九八九年拒賣《半生緣》電視版權給台視公司，但後來願意考慮平鑫濤專為電視製作的電影計劃（下冊，頁二四八—七一、三五八、三六九—七〇）。

夏志清一九六一年由耶魯大學出版社出版英文鉅著《中國現代小說史》，專章討論張愛玲，顯然用的是天風版《赤地之戀》（中文），而非友聯版（英文）。理由是：《中國現代小說史》稱這部小說為「Love in Redland」，而非友聯版書名「Naked Earth」。大概夏志清當時手邊沒有友聯版。該章正確使用《秧歌》英文版書名「The Rice-sprout Song」並提到英文版在美國受到好評的情形。[5]如果知道《赤地之戀》英文版書名，學術著作沒有自行意譯書名的理由。非常可惜友聯版錯過一個在英語世界宣傳的機會。夏志清的英語讀者可能會有延伸閱讀這部英文小說的興趣。

英文版《赤地之戀》迄今仍然被排除於美國書市之外。一九九八年七月廿六日，美國世界日報報導英文版《秧歌》和《怨女》由加州大學柏克萊分校出版部重新印行，並解釋出版社因為「反共太明顯」而未予印行英文版《赤地之戀》。記者明明知道英文版《赤地之戀》已經出版，但仍寫錯英文書名為「The Red Earth」，真是意想天開。[6]

三

《赤地之戀》英文版在美尋找歸宿，相關事件的約略日期頗要緊，因為我們熟知同一時段張愛玲文學在台灣的活動。兩者併觀，可見張愛玲文學生命兵分二路，失之東隅，收之桑榆，台灣當時正為張愛玲文學後來的蓬勃發展鋪路。

一九五六年九月《文學雜誌》一卷三期頭排刊出譯作〈海明威論〉，次年一月一卷五期刊出小說〈五四遺事〉，排名第二，僅次於梁實秋。這些無補於收入，但排名極高，證明台灣文學界尊敬她。《文學雜誌》曾在台灣知識份子之間發生影響。宋淇的評估顯然針對台灣而言：「當年夏濟安主編的《文學雜誌》，該雜誌銷路不廣，讀者也不多，雖然對當時知識份子產生頗深的影響，並發掘了不少青年作家。」[7]

更重要的是夏志清的推崇。《赤地之戀》英文版在美國闖關告一段落的同一年，張愛玲

---

5 C. T. Hsia, *A History of Modern Chinese Fiction*, Bloomington and Indianapolis: Indiana University Press, third edition, pp. 389-431.

6 美國《世界日報》，〈英文本「秧歌」、「怨女」新版問世，張愛玲舊作新魂又一樁〉，一九九八年七月廿六日，頁C10。

7 宋淇，〈從張愛玲的「五四遺事」說起〉，收入張愛玲、宋淇、宋鄺文美，《紙短情長：張愛玲往來書信集・I》，頁四二九。

在台灣的聲望繼續高升。一九五七年六月和八月，夏濟安摘譯夏志清《中國現代小說史》張愛玲那章，譯成兩篇獨立文章（〈張愛玲的短篇小說〉和〈評「秧歌」〉），在《文學雜誌》二卷四期和六期掛頭排刊出。唯獨未譯的是那章評論《赤地之戀》的部分。劉紹銘認為夏濟安翻譯的兩篇文章：「成了日後在台灣和大陸一波接一波『張愛玲熱』的立論基礎。」[8]夏志清的意見自台灣延伸至大陸，影響為時頗長，而且程度深遠。

台灣讀者非常關心中國現代文學與台灣文學的傳承關係。劉紹銘記得台北《傳記文學》負責人劉紹唐說傳記文學版的《中國現代小說史》在一九九一年上市，「出版社的書還未釘裝，市面上已見一車一車的翻版書在路邊賤價推銷。」[9]

在這種氛圍之中，《赤地之戀》中文版在台灣「千呼萬喚」，好幾家出版社爭取出版。張愛玲晚年較大筆的收入來自宋淇經手的電影版權。但長期穩定經濟在於台灣皇冠文化出版公司的「張愛玲全集」。「全集」起意於一九六六年夏志清在台北向皇冠文化出版公司平鑫濤當面提的建議。夏志清說那套書「解決了張愛玲下半生的生活問題」。[10]宋淇為張愛玲運籌帷幄，與台北皇冠文化出版公司合作規劃「張愛玲全集」。一九六六年九月九日宋淇致張信說，已把港版短篇小說集，《流言》，《秧歌》，《赤地之戀》交給皇冠文化出版公司的平鑫濤。港版《赤地之戀》應是天風版。

一九七一年，張愛玲在美國加州柏克萊接受仰慕者和文評家水晶訪談的時候，《赤地之戀》中文版尚未在台灣發行。他們會談的主體材料，就《赤地之戀》而言，只能是友聯版或天風版。就水晶文章看來，水晶並未問及《赤地之戀》：「接著，她主動告訴我：『赤地之戀』是在『授權』（Commissioned）的情形下寫成的，所以非常不滿意，因為故事大綱已經固定了，還有什麼地方可供作者發揮的呢？不過，我說仍然喜歡戈珊這個角色。她說戈珊是有這樣一個人的，雖然也是聽人說起，自己並沒有見過。」[11]張愛玲公開透露故事大綱外來，但刻意諱言外來源頭，沒有點名或譴責香港美新處。

水晶只拜訪張愛玲一次。所以十二年後張愛玲提起與水晶會晤，指的就是僅有的那一次。她不再讓水晶上門：「他那次訪問，我至今還在懊悔，一之為甚，豈可再乎」（下冊，頁一七五）。可惜她沒說明懊悔的理由是什麼。

一九七六年三月宋淇〈私語張愛玲〉獨家披露一些張愛玲的消息，但小心翼翼，並不添加任何有關《赤地之戀》故事大綱的資訊：「大綱是別人擬定的，不由她自由發揮，因此寫起來不十分順手。」該文還提到港版《赤地之戀》的銷路：「中文本還有銷路，英文本則因為印刷不夠水準，宣傳也不充分，難得有人問津」。[12]

---

8 劉紹銘，《風月無邊：劉紹銘自選集》（香港：天地圖書，二〇〇七），頁二三。

9 劉紹銘，〈二〇〇一年版序〉，收入夏志清著，《中國現代小說史》（*A History of Modern Chinese Fiction*），劉紹銘等譯（香港：香港中文大學出版社，二〇一五，二版），頁xviii。

10 夏志清，《張愛玲給我的信件》，頁六七。

11 水晶，《張愛玲的小說藝術》，頁二七。

圖5.1　慧龍版《赤地之戀》書封（照片來源：互聯網）

原來當皇冠文化出版公司排好版後，台灣有關當局認為《赤地之戀》內文需刪改。皇冠文化出版公司不願作品受到「割裂」，因此擱置不出版，而且為了不引起煩擾，也沒有向張愛玲解釋（上冊，頁三七五）。一拖就是十多年。台灣慧龍出版社認為台灣已經開禁，不必顧忌，所以說服張愛玲簽約讓慧龍出。一九七八年台灣慧龍出版社終於推出該書。附圖5.1是那本書的封面。

慧龍版出現，張愛玲興致勃勃，一度想公佈故事來源。一九七八年六月廿六日信：「我還想再寫篇短文講《赤地之戀》因為故事的來源（燕歸來——Maria Yen是姓嚴或顏還是燕，是替友聯還是USIS做編輯工作的，可以問Dick McCarthy——寫的一個極簡單的大綱），我對它一直岐視，直到這次出版被竄改了一個字，十分痛心，才知道已經成了自己的東西。」這段話重要。這裡我們先予注意故事大綱來自燕歸來。稍後我們再做其他解析。

在《張愛玲往來書信集》出現之前，我們沒有作者本人的完整陳詞。前引那信說燕歸來是「替友聯還是USIS做編輯工作的」。無論燕歸來的工作單位為何，故事來源再向上推，就算在香港美新處頭上：「《赤地之戀》故事來自USIS」（上冊，頁三七七）。張愛玲赴美之後，對友聯出版社敬而遠之，不願考慮由他們出版英文版《怨女》：「你想我平白又去惹這批人幹什麼？」（上冊，頁七六）但她對燕歸來並無牢騷：「燕歸來我一直覺得漂亮神秘」（上冊，頁三九二）。友聯版《赤地之戀》是張愛玲生前唯一由他人具名寫序的著作。宋淇代筆寫過兩篇：《惘然記》〈前言〉，具名「皇冠出版社編輯部」；《續集》〈代序〉則不具名，表面上等於是作者張愛玲親撰。但燕歸來大模大樣是香港友聯版《赤地之戀》〈導論〉的作者。

宋淇知道茲事體大，不希望香港美新處成為張愛玲文學的話題。一九七八年七月十九日回信力勸保持沉默：「最近，一本雜誌公開說McCarthy〔麥卡錫〕，Iowa〔愛荷華〕的作家訓練班的學生如余光中、白先勇、王文興等都是CIA的特務。所以你千萬不必提McCarthy和《赤地》那段往事，燕歸來（Maria）原姓邱或丘，一度去義大利做修女，後來給友聯的同事清算掉，本事極大，到德國讀了一個Ph. D.，研究宋明理學，在德國一大學中教書。」張愛玲聽從建言。於是張宋兩人繼續守口如瓶，稍微延遲了香港美新處牽連《赤地之戀》的討論。

燕歸來本名邱然（一九二八—二〇一八）。附圖5.2是燕歸來的照片。古梅和燕歸來都屬南進文青，在香港是同組香港友聯社的朋友。[13]

12 香港《明報月刊》，一九七六年三月。該文同步發表於同年同月一日以及二日台北《聯合報》。張愛玲、宋淇、宋鄺文美，《張愛玲私語錄》，頁二〇—三九。

圖5.2　邱然（右）和古梅（左）（照片來源：董保中教授）

二〇〇二年我訪問卸任多年的〈香港與台北〉美新聞處處長理查德・麥卡錫。他否認《秧歌》和《赤地之戀》故事大綱來自香港美新處。但他提供燕歸來的住址，要我問燕歸來。我立即去信，沒得回音。麥卡錫可能故意知情不報，也可能記憶欠周。理由在於另一問題的對答。當時我已讀到張愛玲英文遊記"A Return to the Frontier"。該文提到在台北機場朱姓夫婦（Mr. and Mrs. Chu）接機。我追問麥卡錫誰是朱姓夫婦。麥卡錫說記不得，但絕對不是他自己。他給了我三位當年在台北美新處的工作同仁電話號碼，要我去問他們。我一一查詢。大家都健在，依稀知道作家張愛玲訪台舊事，非常親切，但想呀想呀，沒人能夠確定接機細節。畢竟都是退休多年的年邁老人了。幾年後那篇英文遊記的中文修訂版——張愛玲遺作〈重訪邊城〉——出土，文章裡坦言「麥先生麥太太」一同去接機，應該是指麥卡錫夫婦。該文說那位麥太太是美國人，送張愛玲到席德進住處，離行時說了句英文。張愛玲記那個細節，也許要做個區分：這是第一位麥太太。我曾提過，麥卡錫前後兩位夫人，第一位Rachel雷秋爾，是美國人，第二位Helene海倫，是國語流利的華人。[14] 張愛玲和Rachel是舊識。到

13 邱然過世，以及古梅和邱然結識的粗略情況，都取自張漢清，〈友聯人／學友／生活營歌〉，《星洲日報副刊》，二〇一九年七月廿六日。以下信息摘自董保中教授來信。邱然和董教授的父親都是北大教授。兩人在北京是幼稚園的同學。兩家南遷後，他們在香港再次相遇。董家住在九龍一個小村的大院子，叫做曾大屋，有三、四十戶口。住在大門口的就是古梅一家。董保中教授記得經常看見古梅照顧她父親擺的香煙攤子，專心看書。

美國之後，一九五五年十月廿五日，一九五八年五月廿六日張愛玲信上提到的Rachel，可能就是那位在台北接機的同一人。麥卡錫接受我訪問的時候，已經八十一歲，或許無法印證自己就是英文版遊記裡的朱先生。

雖然《赤地之戀》故事大綱提供者長期沒有驗明正身，但其來自香港美新處的情形呼之欲出，於是在華文社會仍然引起爭議。原因在於故事大綱來自香港美新處，就會坐實了美國在亞洲曾經有個文宣機制。這個事件有個值得深思的基本問題：如果作者自己不說，如果私信不予公開，當時沒有人會知道故事出處並非己出。那麼為何作者要主動透露部分的祕密？

試提三個可能的原因。其一，作者不以為當年在香港為了謀生而接下這個業務，根據別人預擬大綱鋪陳故事，有什麼大不了的錯誤，因為如《赤地之戀》〈自序〉所言，作者認為故事有其真實性。如前所述，張愛玲曾在個別會談之時說明女主角戈珊確有其人。其二，作者要為這部小說英文版出書的失敗做自我檢討。那個錯誤在於自信妙筆生花可以解除故事大綱的束縛。什麼是講故事的約束？這批書信記錄了張愛玲和宋淇長期琢磨小說〈色，戒〉的細節，反反覆覆，點點滴滴，足以說明張愛玲小說創作所需要的自由空間有多大。其三，當時張愛玲在加州大學柏克萊分校的工作剛剛被迫解職。那個挫敗令她聯想到《赤地之戀》英文版在美國開疆闢土的失望。

宋淇曾分析香港中英文兩版《赤地之戀》的市場：「《赤地之戀》銷路不如理想，一則可能由於你所說非你心甘情願所寫，最主要的原因是事過境遷，讀者已不感覺切身之痛，提起韓戰，美國、中國年青人都不知道。當局那時犯忌的話，現在認為不成問題，由此可見。」（上冊，頁三九一）但後來中文版《赤地之戀》收進皇冠文化出版公司「張愛玲全集」，宋淇和平鑫濤終究都很高興。宋淇病中投函報告：「《赤地之戀》決定收回，一切俟我身體再進步後處理，細節留後再談，正好配合皇冠的計劃。平鑫濤聽到之後，不禁大喜。」（下冊，頁三六六、三七一）宋淇因此想到成語「浪子歸家」和「合浦珠還」（下冊，頁四一六）。我相信他們並非僅圖書市利潤而已。他們集結張愛玲作品，求其周全。

在張愛玲文學研究裡，這部小說確是不可或缺。如前所述，故事裡有位張愛玲特別經營，自承無法輕易改寫的劉荃。那麼劉荃的造型有何意義？張愛玲的讀者，真正認真的讀者，或許會在劉荃身上聽見張愛玲小說時而出現的提問：我們如何去欣賞在俗世價值觀裡，表面上看來平凡無味的男人？

吳承恩詩文裡有兩種特殊的作品。一種是「代作」，亦即代別人撰寫的作品。如〈明堂賦〉。那些「代作」具名作者的地位大概比吳承恩高。另一種是「障詞」，指書寫在屏風上、供人觀賞的文章。如〈賀總制梅林胡公奏捷障詞〉。[15]用今天的語言來說，都是別人授權（commissioned）之作。這些作品重要。我們藉此而去瞭解儒家思想如何影響吳承恩。確認他

14 高全之，〈張愛玲與香港美新處〉，《張愛玲學》增訂二版，頁二五八。

15 蔡鐵鷹箋校，《吳承恩集》（北京：中國社會科學出版社，二〇一四）。

多方各面的儒生身份，可以幫助我們瞭解《西遊記》小說。沒有人因為這些「授權」作品而貶低吳承恩的人品。《西遊記》小說的地位——中華文化的頂級文學作品之一——從來沒有因為作者寫了許多「授權」作品而受損。

宋淇說張是「自由中國第一位反共作家」，那是書市行銷策略和形象（上冊，頁三九一）。但那是假象，因為如果屬實，則無以解釋《十八春》，〈小艾〉，《赤地之戀》的礙語。事實上張愛玲的政治立場繁複，難以「親共」，「反共」，「反蔣」等等單一標籤套牢。一部為稻粱謀的授權之作，《赤地之戀》，並未規範了張愛玲的政治立場。[16] 如果仍有人要利用香港美新處的運作來否定這本書，甚至順便一起抹殺《秧歌》，就任由他去。

四

《赤地之戀》的版本演進過程在張愛玲文學生命裡具有什麼指標性意義呢？試提三點。

其一，張愛玲終於理解並尊重台灣出版界的政治敏感。我曾經討論過皇冠文化出版公司刪除天風版《赤地之戀》的幾個礙語。[17] 因為故事大綱並非己出，張愛玲對《赤地之戀》的文字並不像其他作品那樣堅持。所以張愛玲說早先如果平鑫濤解釋一下台灣文字審查的需求，她會合作修改：「如果不是平鑫濤諱言censorship（審查），早就會酌改，不會等到現在讓他們濫改了」（上冊，頁三七七）。宋淇比對天風、慧龍兩版，除了錯字之外，「一時找不到」慧龍版將就政治顧慮而做的刪修（下冊，頁四一五）。張愛玲注意到慧龍版有個未經授權的更改。那個變動引起的反應頗能證明她最後接受皇冠文化出版公司刪修的無奈。皇冠文化出版公司與慧龍出版社解決版權問題，《赤地之戀》正式納入「張愛玲全集」之前，張愛玲致平鑫濤信上提到慧龍版未經作者同意的一個「竄改」：慧龍版改天風版「人家說毛主席就是這顆痣生得好」的「好」為「怪」（上冊，頁三八六）。天風版章次缺第八章，這個句子在天風版第九章（頁一八三）。措詞「竄改」，當然意含不滿。但在皇冠版第八章（頁一六七），毛主席那顆痣沿用了慧龍版的「怪」。這次張愛玲就不再表示反對了。

那句話出自在手工藝館觀賞「巨大的五彩絲綉人像」群眾裡的老婦人，並非有強烈政治立場的主要角色。在崇拜國家領袖的公眾場合，「好」比「怪」更符合故事情境。友聯版重複了作者的用心。第十七章，頁二〇三：

16 高全之，〈張愛玲的政治觀〉，《張愛玲學》增訂二版，頁一八三—二〇八。

17 高全之，《張愛玲學》增訂二版，頁二〇九—二九。宋以朗引用了我的比對，但誤認那是慧龍版與天風版的差別。見宋以朗，《宋淇傳奇，從宋春舫到張愛玲》（香港：香港牛津大學出版社，二〇一四），頁二二三—二二五。

"That's not embroidery. Practically a photo!" a man in the line chucked admiringly. "Even that mole is there."

"I have always said the best thing about Chairman Mao is that mole of his," quavered the old woman in front of him. "Ought to be Emperor, to judge by that mole."

中譯：

「那像刺繡呀。簡直是張照片！」隊伍裡有個男子大為讚賞。「就連那顆痣也繡出來了。」

「我總是說，毛主席最好的就是那顆痣。」在男子前頭的老婦子顫聲說。「那顆痣就是個皇帝相。」

張愛玲這種委屈求全絕非微不足道。張愛玲回顧舊作，最鮮明突出的記憶有時就是某些特殊筆觸。例證之一是一九八四年八月三日在香港明報刊出的短信，因〈傾城之戀〉影片上映而憶述撰寫那篇小說的情況。記憶裡的「快感與滿足」就與特殊文句有關：「有些得意的句子，如火線上的淺水灣飯店大廳像地毯掛著撲打灰塵，『拍拍打打』，至今也還記得寫到這裡的快感與滿足，雖然有許多情節已經早忘了。這些年了，還有人喜歡這篇小說，我實在感激。」[18]

我絕無指責類似修訂之意。皇冠文化出版公司苦心經營「張愛玲全集」，必須防範粗心看書但政治超級敏感的批評者。我只是要指出嚴肅的文學研究者必須知道：「張愛玲全集」為適應出版環境而做過文字調整。《赤地之戀》即一良例。另一相關要點是：「張愛玲全集」並未精蕪盡收。張愛玲與宋淇書信裡提到作者不願收入全集的一些舊文。

其二，《赤地之戀》英文版在海外鎩羽而歸。張愛玲現在要重視中文寫作規劃，注意「張愛玲全集」的完整性。從西方回到東方來。台灣是張愛玲回歸中國文學傳統的避風港，是張愛玲文學「反攻大陸」的基地。如果張愛玲在中國文學佔一席之地，那些研究中國文學的西方學者總歸會來拜讀。

張愛玲向有貶低自己作品的習慣。她毫不猶豫宣稱：〈琉璃瓦〉「是我最壞的一篇小說。」（上冊，頁四一四）那是種謙虛的態度。知道《赤地之戀》並非扛鼎之作，就說《赤地之戀》是「僅次於〈連環套〉的破爛」（上冊，頁三八〇）。但她執意促成《赤地之戀》歸隊

18　鄭樹森，〈改編張愛玲〉，《從諾貝爾到張愛玲》，頁二四一；後收入《從文化冷戰到冷戰文化：「今日世界」的文學傳播與文化政治》（台北：書林，二〇二二），頁一二五—一二八。

於「張愛玲全集」，可見不視其為棄作或棄稿。「棄作」的例子是唐文標《張愛玲卷》所收散文〈我看蘇青〉，以及自己擬出小說集時候所言：「〈殷寶灩送花樓會〉實在太壞，不收」。「棄稿」的例子是〈多少恨〉（下冊，頁一一六—一一八）。

張愛玲承認《赤地之戀》是「自己的東西」，原因也許和天風、皇冠兩版共用的〈自序〉有關。該序避談故事來源，但強調真實：「《赤地之戀》所寫的是真人實事」。真實不能保證作品成功。但因其真實，作者願意自負成敗。當初主動接下這個寫作的案子，現在不去怪罪外來的故事大綱負面影響了作品，而且最後決定不公開點名香港美新處，免得讀者誤會作者要用香港美新處來作為擋箭牌。

許多評論家同意夏志清《中國現代小說史》的觀點：《秧歌》比《赤地之戀》好。此為定見。但兩書最早單行本銷路恰好相反。張愛玲致胡適信有句：「還有一本《赤地之戀》，是在《秧歌》以後寫的。因為要顧到東南亞一般讀者的興味，自己很不滿意。而銷路雖然不像《秧歌》那樣慘，也並不見得好。我發現遷就的事情往往結果是這樣。」那時完全不提《赤地之戀》故事大綱來源。可惜沒有解釋預設書市（東南亞）如何影響了那本小說的寫作。（上冊，頁一五二）兩書最早單行本時間差距很短：《秧歌》，一九五四年七月今日世界社；《赤地之戀》，一九五四年十月天風出版社。天風版《赤地之戀》曾有一九五四年十一月十五日第六十五期香港《今日世界》桑簡流的書評〈赤地之戀〉。[19]從桑簡流到夏志清，評論家褒貶互見，但除了政治熱情大於文學興趣的人之外，很少人一筆抹煞《赤地之戀》。張愛玲自己知道這部小說不至於乏善可陳。

其三，慧龍版事件是張宋友誼的兩個較大挑戰之一。但是雙方的互信真誠而且堅實，具有危機處理的智慧和能力。張愛玲振振有詞讓慧龍出版社出版《赤地之戀》的理由：（1）皇冠長久沉默；（2）不想麻煩多病的宋淇；（3）夏志清擔心《赤地之戀》絕版；（4）慧龍出版社說台灣已經「開禁」，答應無需刪修文字；（5）版稅頗豐。

宋淇建議張愛玲直接去信向平鑫濤道歉。張愛玲從善如流，就寫了那信（上冊，頁三七六—七七）。

但他們不再討論另外那個浪子：仍在四處流蕩的友聯版《赤地之戀》。張愛玲回頭用心耕耘中文作品。滯留海外，其實也變成一個浪子。

19 單德興，〈冷戰・離散・文人：《今日世界》中的張愛玲〉，《台北大學中文學報》二八期（二〇二〇年九月），頁三四—三六；後收入《從文化冷戰到冷戰文化：「今日世界」的文學傳播與文化政治》（台北：書林，二〇二二），頁一二五—一二八。

張愛玲的英文對白

一

由於張愛玲未能如願在英語書市揚名立萬，即令單語的中文讀者，有時也難免好奇：張愛玲的英文到底好不好？解決這個問題，無法一步到位，因為如果答案是否定的，下個提問就會順理成章浮現：既然有所欠缺，是那裡不好？這個追問涉及語言的技術領域，而且需要實際證據。

張愛玲從未在語文技術層面承認自己英文欠佳。她說《怨女》英文版不受英美市場接受是出版商已有先入為主的成見。一九七六年四月四日張愛玲致鄺文美、宋淇信：「西方鬧了這些年的 anti-hero〔反英雄〕，《怨女》我始終認為是他們對中國人有雙重標準——至少在文藝裡——由於林語堂賽珍珠的影響。《怨女》如是美國南部人就很 tame〔乏味〕。」[1] 目前為止，沒有令人信服的，關於張愛玲英文作品的全面評估。所幸仍有就部分張愛玲英文作品直接回答這些問題，而且值得參考的劉紹銘論述。最有意思的是：張愛玲曾主動預先回應了劉紹銘的一項重要意見。

劉紹銘直搗黃龍，注意到張愛玲英文筆耕經驗的一種困難。由張、劉兩人對非母語寫作「入境隨俗」詮釋的差異，我們可以體會張愛玲面對該項困境的因應對策。

我們把話從頭說起。

二

一九七二年十二月十七日宋淇寫信給張愛玲，提出四個問題。前三個問題（在信裡編號「一A」，「二」，「三」）專注於〈五四遺事〉中英兩版。最後一個問題（在信裡編號「三」）是一般性的提問。一九七三年九月廿日張愛玲回信逐一作答。宋淇根據張信寫了〈從張愛玲的「五四遺事」說起〉，把張愛玲的答覆歸納為三個要點，配合〈五四遺事〉中英對照，一同發表於香港《文林》月刊。身為該雜誌的創刊負責人，宋淇企圖展現當時前所未見的張愛玲文學景觀。然而那項努力對台灣的影響極微，因為《文林》從未在台正式公開銷售，而且在香港銷售有限，在一九七三年前後總共只出了十五期。雜誌拒銷台灣的理由，曾於一九七二年十二月十七日以及次年九月廿九日宋淇致張愛玲信兩度解釋。第一封信順便批評台灣書市混亂：「台灣不能殺人放火，但盜印、翻版、轉載大家可以放手去做，用不着眨眼，認為是理所當然的事。」但那與雜誌卻步於台灣之外沒有顯著的關係。第二封信講得清楚：「不銷台灣是嫌手續太麻煩，錢收不回來，並不是任何其他問題。」意思是沒有什麼賺

1 張愛玲、宋淇、宋鄺文美，《紙短情長：張愛玲往來書信集・I》、《書不盡言：張愛玲往來書信集・II》。本文引用張愛玲和宋淇書信都出自這兩本書。由日期查原文非常方便，不另加註頁碼。我沿用該書編排方式，為方便讀者，在書信裡的英文之後添上中譯，標以〔 〕。有些中譯直接取自該書，有些是補遺或修訂。

頭。當時台灣出版生態究竟如何，或許值得進一步討論，但不在本文範圍之內。〈五四遺事〉中文版早於一九五七年一月發表於台北《文學雜誌》一卷五期。一九八八年二月台北皇冠文化出版有限公司「張愛玲全集」推出《續集》，收入〈五四遺事〉中英對照，但遺漏宋淇那篇〈從〉。宋淇親自規劃《續集》，或許不便違反當時「張愛玲全集」不收他人論述的慣例。但表面上的缺席並不等於沉默寡言。宋淇匿名代筆〈《續集》自序〉，表述自己併讀〈五四遺事〉中英版本的心得：

"Stale Mates"（「老搭子」）曾在美國「記者」雙週刊上刊出，虧得宋淇找出來把它和我用中文重寫的〈五四遺事〉並列在一起，自己看來居然有似曾相識的感覺。故事是同一個，表現的手法略有出入，因為要遷就讀者的口味，絕不能說是翻譯。

這段文字源於〈從〉列述宋張三組問答的前兩組：首先解釋〈五四遺事〉中英兩版人名為何有些改變，然後交代〈五四遺事〉兩個版本中繁英簡的原因。〈《續集》自序〉忽略〈從〉的第三組問答：張愛玲用中英文寫作，個別用那種文字思想。理由似乎很簡單：〈《續集》自序〉專注於《續集》所收的〈五四遺事〉，不必涉及範圍廣泛的議題。〈《續集》自序〉強調〈五四遺事〉中文版並非符合約定俗成定義的翻譯，只能視為「重寫」，「絕不能說是翻譯」。

二〇〇五年十一月十三日劉紹銘在公開演講裡針對〈《續集》自序〉的〈五四遺事〉表述說：「〈五四遺事〉既然『絕不能說是翻譯』，我們倒可以說這是Stale Mates的副產品，猶如〈洋人看京劇及其他〉是Still Alive的副產品道理一樣。」這裡Stale Mates是〈五四遺事〉的英文版，Still Alive是〈洋人看京劇及其他〉的英文版。劉紹銘指出：張愛玲自譯作品，常把「翻譯」當作「再創作」。例如〈更衣記〉、〈洋人看京劇及其他〉、〈中國人的宗教〉，都脫胎自張愛玲在上海《二十世紀》發表過的英文散文。劉紹銘認為：「作者翻譯自己作品時，如果把翻譯當作創作的延續，隨意作即興體的增刪，那麼『翻譯』出來的文本應該視為一個新的藝術作品。」[2]

劉紹銘討論張愛玲英文造詣不限於那個演講。就我所見，劉紹銘始終沒有直接提及宋淇。合理的猜想是：劉紹銘沒讀過〈從〉。前文提到劉紹銘演講引用〈《續集》自序〉，大概那時他不知道該序實由宋淇捉刀。所以宋劉兩人文學意見產生交集，「把翻譯當作創作的延續」，不是有意唱合，實乃不期而遇。真切自然。

2 劉紹銘，〈張愛玲的中英互譯〉，《張愛玲的文字世界》（台北：九歌，二〇〇七），頁一二六—五六。

三

追究不能就此打住，因為〈《續集》自序〉跳過不理的第三組問答至關重要。在完全沒有預先設套的情況下，張愛玲回答宋淇，卻遙相呼應了劉紹銘有關張愛玲英文造詣的一個意見。我們先看那組宋張問答，再看劉紹銘的析論。

宋淇的提問（一九七二年十二月十七日）如下：

（三）你平時用英文寫作時，如"Stale Mates"〔〈五四遺事〉〕，"Rice Sprout Song"〔《秧歌》，英文書名應是The Rice-Sprout Song〕，"Northern Rouge"〔《怨女》，英文書名應是The Rouge of the North〕等，寫的當然是中國人和事，可是你先用英文思想，還是先用中文思想，然後再譯為英文？我平日寫作時，如用英文，即用英文思想，一用中文，便格格不入，寫不出來。不知你也是如此否？

張愛玲的回答（一九七三年九月廿日）如下：

（三）用中文還是英文思想，與你一樣，不過對白總是中文，抽象思想大都英文，與一向看的書有關。

於是〈從〉模仿張愛玲的語氣做了這個回答：

（三）誠如信中所問，寫英文時，用英文思想，寫中文時，則用中文思想。可是對白卻總是用中文想的，抽象思想大都用英文。這種習慣之養成恐怕與平時所讀的英文書有關。

宋淇這個提問泛指寫作思維習慣，不局限於單篇作品，自有挖根揭底的性質，但沒直接衝著人物對白而來。張愛玲答覆裡居然自動冒出這句：「不過對白總是中文」。

劉紹銘的張愛玲英文造詣研究有兩個層次。首先是以英文為母語的讀者的接受程度來決定優劣。這種方式有個反向而行，但殊途同歸的例子。單德興析論張愛玲美國文學中譯，注意到譯文有時為了符合中文習慣而偏離直譯。單德興認為那是譯者或翻譯成品向譯文所屬語言系統的「歸化」。[3]

劉紹銘自己的母語非英語，所以曾徵詢於母語為英語、讀過張愛玲英文的專家。劉紹銘參考這些反饋，認為張愛玲英譯〈金鎖記〉有「水土不服」的毛病：「總括來講，如果英語為母語的讀者覺得張愛玲的英譯對白聽來有些不自然，原因不在她用的口語『跟不上時

3 單德興，〈譯者張愛玲——析論張愛玲的美國文學中譯〉，《翻譯與脈絡》（台北：書林，二〇〇九），頁一六六。

代』，而在她把原文轉移為英文時、『消化』功夫沒做好。」劉紹銘認為問題限於口語英文：「我細看〈金鎖記〉譯文，發現張愛玲的敘述文字，並沒有這種『水土不服』的痕跡。」

劉紹銘並未以譯文歸化程度為唯一的評估準繩。他的張愛玲英文造詣研究第二個層次在於譯文是否維護原文風格。文字雅俗與文學作品意義有其關聯。劉紹銘指出：粗俗英文口語並不一定適用於張愛玲某些作品（如〈金鎖記〉）的英譯。那不是說張愛玲的英譯對話就一定優雅合宜。劉紹銘認為類似張愛玲的英語能力限制相當普遍。他舉出其他幾個例證，如《紅樓夢》英譯者霍克思和英文小說作者哈金等等，來了解張愛玲用英文寫作的挑戰。套用劉紹銘的措詞，「秀才英文」是非母語使用者常見的處境。從這個角度看，「入境隨俗」的「境」，指譯文所屬語言系統。譯者應該追求母語是那語言的人最容易接受的翻譯。但是一般而言，如果譯文非譯者的母語，翻譯不可能完美。

為了說明張愛玲「在英語寫作上表現出來的功夫，應該是個人後天苦練出來的」，劉紹銘引用張子靜憶述，確認張愛玲在香港大學念書時期，「盡量避免使用中文。寫信和做筆記都用英文。」其實直到張愛玲登船赴美，仍在苦練，尤其是英語會話。她在船上寫給鄺文美的第一封信，一九五五年十月廿五日，記述相當動人：

> 詩一首也沒譯成。兩年沒繙譯，已經完全忘了怎樣譯，譯出來簡直不像話，只好暫時擱下來。臨行前天天跑領事館，英文說得流利了些，但是一上船，缺少練習，又說不出

來了，所以趕緊借了些英文小說來看，不然等見到面Mrs. Rodell（羅德爾，張愛玲在美國的經紀人）這一干人，在需要千恩萬謝的時候又要格格不吐，那真糟糕。

張愛玲試過「一切思想都用英文」，所謂「一切」，當然包括小說人物對話。但母語根深柢固，很早就知無法做到。一九五五年十二月十八日致鄺文美信：「我仍舊無論什麼事發生，都在腦子裡講給你聽——當然是用中文，所以我很不贊成，因為我總想一切思想都用英文，寫作也便利些，說話也可以流利些。但是沒有辦法，這是一個習慣。」所以用中文思想來寫英文小說裡的人物對話，是思維習慣使然。話雖如此，這個退而求其次的秀才英文也有其理由。張愛玲自陳的寫作思想習慣或可詮釋為刻意的選擇。對她來說，「入境隨俗」的「境」，指故事語境。意義雙重：譯者堅持小說語境裡人物發言的合宜性；讀者必須暫時離開母語閱讀慣性，以便進入故事語境。

四

駕馭非母語的語文是件難事。就這個認知而言，劉紹銘和張愛玲並無衝突，都是知其不可為而為之，差別在於如何「為之」。所有的活的語言系統都有海納百川的能量。既然在非母語的語言系統裡難逃秀才英文的宿命，那麼不必強求歸化。用原文母語思考，掌握故事語境裡的對話，企圖在標靶語言裡找到一個中間點，等候那標靶語言的有緣讀者來碰頭。當然，確定中間點是門精緻藝術。劉紹銘知會了他的研究限於張愛玲的英文散文和英譯〈金鎖記〉，張愛玲的英文小說創作和其他譯作有待觀察。我曾指出《赤地之戀》英文版「或許高估了英語讀者對中文術語的興趣」，而且建議：「酌情以意譯取代音譯，可減少單語英文讀者負擔」。我列舉的一些例子即出現在口語裡。[4]那也是作者用英文寫作，用中文思想的結果。

張愛玲和賽珍珠不同。賽珍珠要英語讀者尊重中國人，不可繼續視中國人為次等民族，所以她用狄更斯英語風格來寫英文小說裡的中國人物對話，正當合理，可以理解。[5]張愛玲期盼英語讀者以平常心來欣賞她的英文中國故事。中國與其他國家沒有不同，都可能包括許多灰暗負面的東西，雖然那些令人喪氣的東西常因國情、文化、地域等等影響而有其差異。張愛玲希望英語讀者有耐心和興趣去了解她的英文中國故事。

張愛玲英文小說人物張口「格格不吐」，或「水土不服」，其實在用中文思想說英語。張愛玲期待，也許「奢望」，英文讀者進入中文思維的語境來聆聽那些聲音。

4 高全之，〈開窗放入大江來——辨認《赤地之戀》的善本〉，《張愛玲學》增訂二版，頁二三七。
5 高全之，〈賽珍珠也是位祖師奶奶——張愛玲年輕時候的失言〉，《張愛玲學續篇》，頁六五—八三。

張愛玲的不速之客

衰楊葉盡空枝在，猶被霜風吹不休。

——白居易，〈小橋柳〉

一

張愛玲三次受到不速之客突襲。主人一概拒見。那個不受侵犯的意願非常可以理解，與一九八三年諾貝爾文學獎得主英國作家高定相彷。

高定住家距市街近，常有粉絲與學生厚著臉皮當街聚集，等著他露面，一睹廬山真面目。高定進出自己家門深受干擾，苦不堪言。好在當時已名利雙收，遂於一九八五年買下遠離鬧市、巨木環繞、寧靜隱祕的住宅。新居車道長而彎曲，距市街遠。住屋位於大片森林之後的空地上。喬遷之後，他一時身心鬆快，三個月就戒酒，此後一年多滴酒不沾。[1]

我們把三個闖關事件連貫起來，注意張愛玲的狀況處理，並且查證是否存在前後一致的規律。我們將利用二〇二〇年九月台北皇冠文化出版有限公司兩冊本《張愛玲往來書信集》來瞭解這些事件。為節省篇幅，本文引用這些信件，如不標明發信者，則為張愛玲，如不標明受信者，則為宋淇或鄺文美或兩人。如果信件的時間不重要，則在引文之後標示上冊或下冊，及其頁碼。

二

第一個不速之客出現於上海。《十八春》小說在《亦報》連載，贏得（包括周作人在內的）讀者密切關注，甚至招引讀者登門。我們不知道那個造訪的確切日期。連載時段自一九五〇年四月廿五日至次年二月十一日。修訂單行本於一九五一年十一月發行。[2]這是水晶〈蟬——夜訪張愛玲〉的記錄：「當年，《十八春》（《半生緣》的前身）在上海《亦報》連載，引起一陣鬨動。她說，有個跟曼楨同樣遭遇的女子，從報社裡探悉了她的地址，曾經尋到她居住的公寓裡來，倚門大哭。這使她感到手足無措，幸好那時她跟姑姑住在一起，姑姑下樓去，好不容易將那女子勸走了。」[3]值得注意兩點。其一，張愛玲自己透露這個事件。其二，姑姑幫助解圍。

〈張愛玲語錄〉有個註記猜測以下這段談話或許講的是上海那位求見的女士：「差不多所有的人我都同情，可是有些我很不贊成。如『汪小姐』哭著要見我，我知道自己沒法應付，始終不肯接見她。」[4]張愛玲這次拒見不速之客，理由似乎並非訪客未約自來，而是「自己沒

---

1 John Carey, *William GOLDING, The Man Who Wrote Lord of the Flies*, New York: Free Press, 2009, pp. 451-452. 根據鄭樹森，《從諾貝爾到張愛玲》，台灣有陳慧樺中譯《蒼蠅王》，頁二〇。

2 陳子善，《說不盡的張愛玲》，頁一六七。

3 水晶，《張愛玲的小說藝術》，頁二〇。

法應付」。

張愛玲一九七一年五月廿七日信已經坦言加州大學柏克萊分校中國研究中心的工作做到六月底為止。水晶訪文說張愛玲六月三日以短函通知水晶，願意「下星期」接受採訪，所以實際採訪發生在六月中旬。張愛玲受訪時已經知道《赤地之戀》英文版到處碰壁，自己即將失業，而且除了專業寫作之外，一時沒有其他正式工作的安排。

張愛玲遲至一九七二年底才離開柏克萊，搬去洛杉磯。但我們確知那個「六月三日」是一九七一年，因為宋淇一九七一年十一月六日信說看到（已經發表的）「水晶的訪問記」。

這些時間點重要。我們因此可以體會讀者於張愛玲的重要。她知道水晶以及多年前在上海那位不請自來的女士都是仰慕者。在美國打天下受到嚴重挫折的關頭，張愛玲接見粉絲水晶，談起昔日的讀者崇拜（上海那位女士），大概需要做些或想些令自己覺得窩心的事。我猜想她沒有告訴水晶中國研究中心解聘的事，因為根據水晶行文風格，如果知道，沒有不立刻大書特書的理由。

張愛玲為人謙沖。我們無從得知上海那位粉絲登門來訪的確切日期，但我們知道她離滬赴港的年份（一九五二）以及在美國加州柏克萊受訪的年份（一九七一），所以大約在二十年間，假設在香港向宋淇夫婦提及的是同一件事，一共只說了兩次。多講等於為自己面上貼金。

舉個例子來辨識張愛玲這種個性。宋淇代寫《續集》〈自序〉。張愛玲讀後並不滿意：

「〈自序〉中自比Shaw〔蕭伯納〕，Hemingway〔海明威〕，即使不過是在版權方面，我也說不出口。這是因為Stephen〔宋淇〕不寫小說，觀點上沒十分『入戲』。」（下冊，頁三三二）宋淇隨即道歉：「〈自序〉中自比Shaw〔蕭伯納〕、Hemingway〔海明威〕，一點不錯，是我不寫小說，沒有想到觀點問題，當時只往為中國人所知的作者去想，未免太自大了。希望沒有人借題發揮，那就替你引起麻煩了。」（下冊，頁三三三—三三四）

三

第二和第三次意外訪客都發生在美國加州洛杉磯。在這兩種情況裡，張愛玲都獨居。張愛玲在柏克萊至少還有同事，在洛杉磯附近的朋友就屈指可數。她有自知之明：「地址瞞人就為了台灣報界，此外也沒人要找我。」（下冊，頁四二五）所謂台灣報界，指競爭激烈的兩大報紙：《聯合報・聯合副刊》和《中國時報・人間副刊》。

張愛玲一九八一年二月十二日信，報告高信疆曾經突然來訪：「陰曆年底高信疆忽然從天而降，三個人來揿鈴，名片上寫着說這次來美是『專程』來看我，送了我一張很壞的改良國畫。我托病未見，也『不能起來』打電話，寫了封懇切的信去，答應不太久就會寄篇短文

4 宋以朗主編，《張愛玲私語錄》，頁九一、九九。

去。」（下冊，頁三九）

一九八一年農曆新年是二月五日。所以造訪發生在該年二月初。張愛玲知道是三個人。張錯告訴我：他沒跟去，在Ships（輪船）咖啡館等他們三人喪氣而回。高信疆突襲失敗那晚去張錯家接受晚宴款待。我受邀作陪，見到白天陪同高信疆出勤的但漢章，金恆煒。另外還有王建元以及（自聖地牙哥前來的）鄭樹森。附圖7.1是當天晚上在張錯家聚餐的相片。我是拿著張錯照相機拍攝的人，所以不在相片內。

我是極其次要的寫作人，但高信疆仍然慷慨拿出一卷卷畫，要我挑選一張。我拿了鄭樹森推薦的一幅廖修平版畫。我不懂畫，對畫只有直覺的好惡。張愛玲懂。陳子善歸納了幾個讚賞張愛

圖7.1　從左到右：但漢章、藍慰理（張錯夫人）、王建元、高信疆、張錯、梁瓊燦（高全之夫人）、鄭樹森、金恆煒

玲素描畫作的意見，說：「張愛玲文、畫雙絕。」[5]可惜張愛玲沒說憑什麼標準認為高信疆送她那幅是「很壞的改良國畫」。

張愛玲致宋淇和鄺文美信札裡只提一次高信疆「從天而降」事件。不多談的理由，一方面避免自吹自擂，另一方面是知道宋淇對《中國時報》心存芥蒂。宋淇認為《中國時報》對他「有仇」（下冊，頁一二八）。他說：「瘂弦是『讀書明理』之人。不像《中國時報》」（下冊，頁一三〇）。

這點值得注意：張愛玲沒有因為高信疆闖關而記恨《中國時報》，始終不出惡言。所以一九九四年，張愛玲七十六歲，高高興興隔洋接受「時報文學獎特別成就獎」，完全沒有心理障礙可言。一九八三年十二月十日信有句：「關於名，到了我的年齡，談什麼名。」那是謙詞。寫該信時張愛玲約六十四歲。她知道在世聲名不見得能夠保證未來文學地位，但至少是自己看得見的一種指標。她樂見正面的在世聲名。

無論張愛玲的紅學研究是否服人，她的紅學熱情及其堅持己見是毋庸置疑的。僅有的高信疆微言與紅學有關。一九八三年一月廿六日莊信正致張愛玲信說金恆煒（不是高信疆）建議《中國時報》老闆余紀忠連載端木蕻良的《紅樓夢》續書。[6]但張愛玲記錯了，把帳算在

5 陳子善，《說不盡的張愛玲》，頁二〇二。
6 莊信正，《張愛玲來信箋註》，頁一三〇。

高信疆頭上。張愛玲反對《紅樓夢》續書，一九八三年三月十一日信：「莊信正信上說端木蕻良《續紅樓夢》（代替後四十回）出版了，高信疆要刊載，上司沒通過。高信疆這樣理路不清，是應當出國深造！」所謂「出國深造」，指宋淇一九八三年二月廿六日信所言：「據說《人間副刊》編輯高信疆已調去美國深造兩年。」。

四

第三位不速之客的情形比較繁複。我們按照日期順序來細讀她與瘂弦、宋淇夫婦、莊信正關於這個案件的信札。這是體會張愛玲心情最可靠的方法。

這位訪客原本無意出此下策。一九八八年五月八日張愛玲致瘂弦信婉拒聯副採訪。我們比較此信與張愛玲寫給報刊或出版社編輯的許多其他信，可以看出內涵不限於通常業務。張愛玲後來兩度（一九八八年八月卅日，一九九〇年六月六日）在致宋淇信裡提到這封用心撰寫的函件。這是張直接言及《水滸傳》的罕例。熱切討論河南印象之後，才提到婉拒採訪的理由。

信尾沒有註明年份。但我們確知是一九八八。蘇偉貞參與邀約並主導（見後）後續發展，收此信於自己的著作裡，標示了年份。[7]

瘂弦先生，

多謝來信，我這些時一直惦記着還沒給偉貞小姐寫信謝她贈書。這兩天正要寫，本來想附筆致意，告訴您我多麼喜歡皇冠上您的童年回憶。話一多，當然還是應當直接寫信來。我只知道河南多山，原來還有大平原。我印象中殷墟與河南墜子的故鄉，中國最古最神祕的核心——又彷彿民國以來綠林特多，相等於自水滸至清初的山東響馬。那幾隻民歌與您小時候想擺渡勒索的逸事都使我悠然憬然，啟發深思。這篇如果不是筆錄，是自己寫的，一定還更精采。信還沒寫，先收到戴文采小姐的信。我搬到這裡一住定下來就忙着看牙齒，這兩年一直在郊區居無定所，找醫生太不方便，躭擱太久，壞得不可收拾。又三天兩天感冒病倒，夾縫裡想先揀急等着做的事，做一點是一點。再要訪問，就你一個人只剩下兩個銅板還給人要了去。我另外給她寫信，但是這封信上也不得不提起，可絕對不是為了這事寫信。匆匆祝

好。太太跟兩位令嬡都好。

張愛玲　五月八日

7　一九八八年五月八日張愛玲致瘂弦信的影印本，收入蘇偉貞，《長鏡頭下的張愛玲》（新北市中和區：INK印刻文學，二〇一一）。

這封信證明瘂弦並未為採訪另外具名投書。戴文采致張愛玲信足以表達瘂弦准許這個採訪請求。既如此，毫無疑問，求訪是個機構（聯副）行為。寫信那天張愛玲還不知道這個禮貌周到的機構行為即將變質。

大約十天後，張愛玲獲得情況發生變化的情報。張愛玲與宋淇鄺文美信件四次提及此事。從一九八八年五月十四日信開始：「昨天晚上莊信正打電話來，（我因為防急病不能不裝電話，號碼是〔……〕，電話簿上沒有）說有個報館派人住進我這家公寓，預備不擇手段採訪，問我有沒有看見有中國人等等。我最近剛巧感冒病倒三星期沒出去——出去過兩次，一次遇見一個東方青年偕同一個美國女孩找房子，打聽房租，也可能就是的。本來我也想到這裡的地址不應當告訴《聯合報》《中國時報》，但是實在懶得再一趟趟去取贈報，又想着遲早會洩露出去的——不過沒這麼快。《聯副》剛托了一個住在ＬＡ〔洛杉磯〕近郊 Alhambra〔阿罕布拉市〕的女作家戴文采（《中央日報》女記者？）來訪問我，我剛寫了信給她跟瘂弦擋駕，就又得到莊信正的警告。」

根據前引張信，莊信正報警日期是五月十三日。莊信正憶述，記錯日期為五月廿一日，但內容完全符合前引張信提到的兩點：「我聽說有人為了寫關於她的文章而搬進她住的公寓」，「瘂弦曾要派一戴姓記者來訪談，她婉拒了」。[8]莊信正沒有透露警訊來源。當時張愛玲和莊信正都不知求見遭拒以及暗中住進同一公寓隔壁單元的是同一人（戴文采）。

我們難免好奇：在知道戴文采就是那位潛住公寓偵查動靜的人之後，張愛玲是否會怪罪於痙弦？容我們繼續細讀她的信，答案就在其中。

一個多月之後，張愛玲「悄悄遷出」公寓。這次搬遷涉及金錢損失：原住公寓多付了一個多月房錢，搬進的公寓房租較高。年紀大了，搬家很累，覺得「精疲力盡」。一九八八年六月廿六日信：「上一封寄自圍城中的信想已收到。我感冒一好了就天不亮悄悄遷出，合同沒期滿，留條出走，藉口鼠患，多付了一個多月房錢。搬到莊信正的地產商朋友林式同與人合夥蓋的新房子，太大太貴了些，一房一廳，沒傢俱，$530一月，外加電費煤氣費。⋯⋯（略）⋯⋯我告訴林我搬家搬得精疲力盡，再搬實在吃不消了，他答應代保密。這住址我除了你們誰都不告訴，只用Wilcox Av.〔威爾考克斯街〕信箱。莊信正當然知道。本來我那天跟他在電話上有點鬧僵了，倒去住他好友的房子，好像不大好。即使不至於被要挾，結果住址，誰都不知道，只有中共知道！」

不清楚張愛玲在電話上為何和莊信正「有點鬧僵」。但張懷疑莊信正知道自己遷居，竟然用「中共」來標籤莊信正，相當有趣。一九八八年三月廿七日信提到莊信正計劃編一本中國近代小說選，要突出張愛玲、魯迅、沈從文、蕭紅、老舍等人。信中有句：「不知道是否有統戰意味。」稍後我再舉例說明張愛玲私信聲稱莊信正「搞統戰」。

搬家的事一直沒有主動告訴莊信正。一九八八年八月三日莊信正致張愛玲信：「日前接

---

8 莊信正，《張愛玲來信箋註》，頁一七七。

到林式同兄來電，知道您搬家的事。您搬到這邊很好，應該比較地道。以前您住處被記者查了垃圾，寫了文章，幸好編輯對您很loyal〔忠心〕，未用。」[9]此信還提到莊信正擔任《中國時報》文學獎評審，全家回台逾月「同遊」。莊信正稍後的箋註（見下）點明這信提到的編輯是《中國時報・人間副刊》主編季季，而且季季代表該副刊邀請莊信正回台參與文學獎評審。這些細節值得注意。在台灣兩報對抗期間，莊信正始終站在《中國時報》這邊。張愛玲聰明，知道與她長期通信的兩人，宋淇和莊信正，雖然彼此並不相互攻擊，但各有毫不掩飾的報社取向。前者偏《聯合報》，後者近《中國時報》。

張愛玲知道戴文采撿拾垃圾以圖收集情資之後，轉進過程之中誤扔一包原來保留的信件。一九八八年八月卅日信：「搜檢垃圾，使我看了毛髮皆豎。我也曾經慮到這一招。臨搬走扔掉廿幾包垃圾，包括一包誤扔的保留的信件，不堪設想，有你們的信在內。當時也有點不放心，實在沒力氣送到幾條街外的垃圾桶去。新居的管理員是中國北方人，有一次幫我拎大包小裹的食物。（略）這家報館不登垃圾這篇，遲早也會面世，只好不去想它。是我常告訴自己的一句話：This way lies madness.〔此去凶多吉少〕」

張愛玲一九八八年九月廿一日致莊信正信，重述前引致宋淇信裡的看法：「記者掏垃圾的事使我毛髮皆豎。尤其是臨走因久病積下十廿袋垃圾，剛好點就理行李搬家，精神不濟，有一包東西混入垃圾袋內，裡面有一大疊信，是前幾年流浪中收到，一直帶來帶去的。沒什麼秘密也頭痛，這篇掏垃圾記得雖然沒刊出，恐怕遲早會出現。」莊信正此信箋註再提《中國時報》的功勞：「戴文采根據她住進張愛玲公寓隔壁的所見所聞——包括『掏垃圾』的收獲——寫成長文〈華麗緣——我的鄰居張愛玲〉，但原先派她的報社沒有採用，遂改投《中國時報・人間副刊》，被主編季季退稿。下一封信裡張先生囑我代她向季季道謝，那篇文章一九八九年收入戴的文集《女人啊！女人》。聽說她揀的垃圾中有張愛玲給夏志清先生寫的信的草稿。張先生去世後戴寫過悼文〈玫瑰園裡的獅子〉。」[10]

「下一封信」指一九八八年十二月十七日張愛玲致莊信正信：「『我的隣居』我也只跳著看了看大致內容。總算沒登在中國時報上。得便請代向季季道謝。」莊信正箋註說：「戴文采的文章在美洲《中報》發表，我把剪報寄給張先生」。[11] 這是張愛玲與莊信正談垃圾事件的最後一信。此信與莊信正下封信之間的間隔約五個月。張愛玲沒有續談垃圾事件的興致。

約十天後張愛玲告訴宋淇夫婦她已看到掏垃圾記。一九八八年十二月廿七日信：「那篇記者掏垃圾記終於在中報上登出來了，戴文采著《我的鄰居張愛玲》，莊信正寄了來，說《中國時報》人間編輯季季拒登，我請他得便代謝她。我也只跳着看了看大致內容，儘少生氣。你們如果沒看見，我就寄來。」我們不清楚她是否寄了文章剪報給宋淇夫婦。張愛玲與

9 同前註，頁一七八。
10 同前註，頁一七九—八一。
11 同前註，頁一八二—八三。

宋淇夫婦通信仍然頻繁。此信與他們下封信之間的間隔小於一個月。宋淇夫婦信件始終不回應垃圾事件。一片沉寂。足見宋淇夫婦有意不置一詞。這也是張愛玲致宋淇信函最後一次提到垃圾事件。

值得注意：張愛玲從來沒有因為垃圾事件而責怪痖弦。在前引（一九八八年八月卅日）談垃圾事件的同一信上，她好奇痖弦久未來信的原因很有趣：也許自己「讚美」不夠蘇偉貞或不夠「尊重」丘彥明。「我覺得只好聽其自然，並不是我不重視痖弦的關顧。」張愛玲沒有把痖弦久未來信與垃圾事件混為一談。

直到一九九〇年六月六日再提痖弦，談的竟是與垃圾事件無關的贈報：「今年年初或稍後，《聯合報》寄訂報單來要錢，我以為是營業部不知道我是贈閱戶，沒回信，報紙就此停寄。我這才想起來那次讚痖弦的童年回憶，不知說錯了什麼話，對蘇偉貞的作品又讚得不夠，痖弦一直沒回信。⋯（略）⋯他們這麼小器，只能付之一笑，Stephen〔宋淇〕可千萬不要再寫信去要他們寄報給我。」如前文所述，這是第二次提到寫給痖弦的舊信。記憶良好。那是兩年前寫的函件。

一九九〇年六月卅日，宋淇回信解釋贈報問題：「《聯合報》停止贈閱，與痖弦和蘇偉貞完全無關，大概有人告到上頭去，說副刊贈閱太多，所以現在由發行部接管，我在停止贈閱之前，接到發行部通知，囑我如要續閱，可以付費訂閱，因為航空郵費就很可觀，我也認為合理。就買了美金支票去訂閱。痖弦和蘇偉貞知道後大為不高興，向我道歉，並擬去交涉，經我制止。但你情形不同，即使要訂閱，手續也辦起來太麻煩，犯不着。」宋淇同意不為贈報事去函痖弦：「我絕不會寫信給痖弦他們，但或許會另有孔道，為你設法。」

一九九〇年八月十六日，張知會：「《聯合報》停送與痖弦等無關，我很relieved〔放心〕。」

一九九〇年十月三日，宋淇重提此事：「我有一封信給痖弦，提起停贈報的事，我說你不想看副刊，但既然投稿，總想知道日前登的是那一類東西，他們大為吃驚，查出來是computer〔電腦〕出毛病，營業部表示歉意。你只當不知好了。」

五

三個鬮鬮事件都反映張愛玲在中文書市的成功。後兩樁發生在美國。她移居海外企圖用英文作品揚名立萬，終究還是回頭用中文作品去鞏固自己的文學地位。陣地轉移影響了兩位「貴人」，莊信正與宋淇（夫婦），與張愛玲行進路線的遠近。

莊信正幫助張愛玲得到加州大學柏克萊分校中國研究中心的工作，並且介紹林式同在洛杉磯就近協助張愛玲租住公寓。林式同後來成為張愛玲遺囑的法定執行人。莊信正成為張愛玲一生少數的「非業務性」通信對象，當然有其原因。但就張愛玲與宋淇鄺文美信件展示的三種熱情而言，莊信正都是「狀況外」。

其一，莊信正不瞭解宋淇和張愛玲長期捍衛版權，規劃「張愛玲全集」的堅持。莊信正策劃《中國近代小說選》，要收錄一篇張愛玲小說。張在回絕之前，先於一九八八年四月十日信抄寫莊信正信文給宋淇看。十九日，宋淇回信建議如何措辭。同年五月十四日，張回函同意：「回莊信正的話再好也沒有」，而且報告已遵囑覆信。我們對照宋淇所擬，以及同年四月廿六日張愛玲致莊信正信，可知張愛玲確實使用宋淇提詞去拒絕莊信正。[12]

其二，莊信正是科班出身的文學博士，宋淇不是。但與張愛玲在書信裡熱烈切磋紅學的是宋淇，不是莊信正。一九八三年一月廿六日莊信正致張愛玲信建議張愛玲本人去撰寫《紅樓夢》續書。[13]然而張愛玲和宋淇都認為現存《紅樓夢》後四十回並非出自曹雪芹，因此痛恨現存續書。如前所述，張愛玲唯一的高信疆微詞出自《中國時報》是否連載端木蕻良《紅樓夢》續書的問題。張愛玲沒看到端木蕻良續書就如此氣憤，甚至錯怪高信疆，可見那個續書是否好壞並不重要。張愛玲衷心愛護《紅樓夢》，認為只要續書人不是曹雪芹，就是侵犯原著。現存後四十回是否出自曹雪芹乃題外話。我們必須知道張愛玲高度堅持自己這個紅學看法。那是種熱情。

其三。一九九〇年八月十六日信提到莊信正與季季個別來函。前者為《中國時報》邀請張愛玲回台參與文學評審進言。後者因為莊信正推薦而邀請張愛玲回台參與文學評審，「順便回上海看我姑姑，她陪着去，一切代理。原來是莊搞統戰！」其實張愛玲與宋淇早已開始長期討論重訪大陸的種種顧忌，用「統戰」、「立功」字眼來描述張愛玲的姑丈。在該信之前，同年四月九日信觸及最重要的顧忌：回訪大陸「是衣錦還鄉的反面，不敢於面對江東父老。」她知道中國社會價值觀有時非常勢利，返鄉難免會面對自己是否名揚國際的問題。一九九二年三月十二日信講得斬釘截鐵：「從來沒考慮去大陸」。

相對於一九八一年六月一日信上那句泛指一般讀者的「講我江郎才盡也沒關係」，這個指稱（江東父老）具有可予認證的針對性。張信從未提及台港親人。所以「江東父老」僅僅指向大陸。事實證明，那種未能「衣錦還鄉」的猶豫，以及台灣前途的評估（見下），都是不能向莊信正暢言的話題。舉幾個關切台灣時局的例子。一九八一年八月十八日：「台灣時局我在斷交前就覺得朝不保暮，現在當然更險了。」一九八三年三月廿八日：「我忙著出書也是因為台灣恐怕來日無多」。一九九〇年二月廿五日：「萬一台灣混亂也影響出版法的執行」。一九九四年十一月七日：「但是Clinton〔美國總統柯林頓〕明言不干涉政台，不像前任還多少留點迴旋的餘地。亮起綠燈，「'96攻台也許不僅只是恫嚇。」一九九四年十二月八日：「相信九七後可以維持現狀，不論台灣怎樣。最近美國政局驟變，中共多少有點顧忌，總要觀望一個時期，不會攻台。」

五個台灣時局表述裡面有兩個焦注於個人作品出版，但終究超越私利，回歸到一般性的

12 同前註，頁一七五—七六。

13 同前註，頁一三〇。

總體討論，涉及那十多年間（甚至延長到今天）複雜且時有爭議的兩岸議題。在相互衝突和糾纏不清的爭論中，張愛玲並無獨特創見。但就瞭解張愛玲思維習慣而言，我們可以看見她訴諸邏輯，而且認為美國的中國政策並非恆常不變。貫穿這些隱密私語的常數是憂慮。她衷心希望台海安寧。

我們借道最近出版的宋淇夫婦信札全集，才能看清上列三種「狀況外」。我們曾與莊信正一樣視界模糊，所以無意批評這位曾經幫助張愛玲的學者。使用這些新資料來回顧不速之客，其實還幫助我們體會張愛玲的其他兩種人生態度。

其一。張愛玲明明知道台灣兩大報競爭劇烈，但不站邊。她不因高信疆「從天而降」就責怪《中國時報》，也不因垃圾事件而遷怒痖弦。那種超然態度有點像她在國共鬥爭之中，有其個人看法，但不與兩個政黨沾鍋那樣。由於宋淇不予置評，張愛玲知趣，不再繼續嘮叨垃圾事件。我們必須全盤閱讀張愛玲信件才能看出這些微妙的關係。

其二。張愛玲始終用正面態度來面對盛名之累。她曾用「老本」和「包袱」來比喻外界的過度關注或負面報導。以下是兩個例證。

一九七九年九月四日，張提出「老本」觀念：「亦舒罵〈相見歡〉，其實水晶已經屢次來信批評〈浮花浪蕊〉〈相見歡〉〈表姨細姨及其他〉，雖然措辭較客氣，也是恨不得我快點死掉，免得破壞image〔形象〕。這些人是我的一點老本，也是個包袱，只好揹著」。

一九九一年七月十二日，張認為不予理會負面批評，或會引起好奇，增加自己書本銷售：「不管對於《對照記》的揣測多麼不堪，我覺得不急於更正，也說不定倒引起好奇心，有助銷路。即使有害，我想也先擱着再說了。」

如前所述，不速之客的干擾曾經相當具體：垃圾事件曾造成金錢損失，一包舊信遺失，而且搬遷累人至極。但每當闖客上門，張愛玲就知老本還在。精神上可能是愉悅的。我相信瘂弦和季季都曾認為像張愛玲這樣的作家是神聖不可侵犯的，而且垃圾事件嚴重傷害了張愛玲。瘂弦甚至曾說作家是文學神祇，聯副是「眾神的花園」。[14]前文曾舉例說明張愛玲為人謙沖。再舉個例子。她是專業作家，但認為專業作家人生經驗大都有其限制：「我對職業文人的定義是靠它吃飯，不是什麼都會。」（上冊，頁一八一）我們無需神明崇拜。不速之客從來沒有侵犯神聖的問題。三個來人都是她無可奈何，但高高興興揹著的包袱。根據張愛玲的私函，事態並不嚴重。張得知隔牆有耳之後，從容應對，驚嚇程度幾乎沒有。

這個理解幫助我們回顧垃圾事件爭議。我們知道可以降溫，沒有必要大義凜然。從這個認知出發，我們就機構責任和個人責任兩方面略微評估。

機構責任的部分比較簡單。目前所見，有關機構責任的討論都可視為兩報激烈競爭的後遺症。發難者和受責者都直接間接與兩報有關。既然兩報都曾用最粗糙的方式挺身去做張愛

---

14 瘂弦，〈跋：神的解讀——園丁小記〉，收入瘂弦主編，《眾神的花園：聯副的歷史記憶》（台北：聯經，一九九七），頁一九三—一九六。

玲的老本，我們大可借鏡於張愛玲置身於兩報大戰之外的超然態度，試試擺脫當年你死我活的戰爭激情，不去勉強追究哪家報社應該為當年的突襲行動負起多少的責任。台灣兩大報副刊當年的競爭成為台灣文化史佳話，原因之一，是兩位主持人惺惺相惜。聯副瘂弦與中國時報人間副刊高信疆，在兩軍對壘的緊張裡，或於個別退休之後，都沒有惡意中傷對方。

個人責任的問題較需要澄清。張愛玲拒訪之後，瘂弦沒有規劃或掌控事態發展。證據是戴文采寄給瘂弦的文章，〈「張愛玲的字紙袋」廿年〉（以下簡稱〈廿年〉）。該文迄今仍未發表。瘂弦授權給我使用。節錄如下。

「張愛玲的字紙袋」廿年　　戴文采

一九八八年的事，至今仍須一提二提三提，其實頗為膩人，早些年即以全部寫在我的幾個網站裡。但瘂弦說他不上網，二十年了仍老有人問起，央我另外給他寫封信作底，好讓見了人能拿出來一一話說前事。因為網站上已有所有前前後後，這裡只把幾個主要說一說，當年既無網路也無手機，許多事彼此沒法「同步」相詢，因緣錯合只好自生自滅，唯誰也沒想傷害任何人，倒是事情進行中及爾後長長歲月裡，看見不斷有人拿來做藉口，報復或說傷害瘂弦，聯副、偉貞、和我。文壇不過是文字文學的領域，傷害不了我的文學的任何傷害，都使人莞爾其中捉襟見肘，從我開始寫文章，足足說足二十年，也有其好說者說不盡的「誠其意」？那麼二十年後，我來「正其心」吧。

1. 一九八八年，我收到偉貞從聯副寄來的信函，請我按地址設法試試採訪張愛玲。
2. 全部都是偉貞和我直接聯繫，並非痖弦，但我和偉貞也是以聯副為聯繫。
3. 按址登門結果，如文章所述，當然是被拒絕，我和偉貞研究，決定保持一定距離尋找，「側寫」素描的機會。
4. 一個偶然的機緣，自公寓管理處得知，她的9號房隔壁10號房客，突然提前解約搬走了，我可以立刻搬進去住她隔壁。

從那一刻起，「且戰且走」找機會「側寫」的我，住進了既無網路也無手機，也無能打出去的電話的10號空房裡，張愛玲有能打出公寓的私人電話，我和她之間，她成了可以和外界聯繫的人，我成了完全失聯的人。我對我和她之間以外的事，進入封鎖狀態。

下來就是那篇其實不過是有趣和充滿想像的「字紙」報導罷了。一直想更正一件事，用「垃圾」兩字一開始就導引錯誤，這兩個字是不正確的。她用超市的大牛皮紙袋盛裝，乾爽乾淨，她不開伙，沒有廚餘，最多是蕩滌陰乾瀝淨的空盒空罐幾只，其餘多是紙張，正確的名詞當是「字紙」，那不是她的「垃圾」，那是她的「字紙」，一個作家的「字紙袋」，張愛玲的字紙袋，張愛玲的字紙袋報導，包裝紙，速記紙，報紙，擦碗紙，廣告紙，一片片有字無字。

最後一點，有人事前就替我翻查過美國憲法，拿出家門外公共領域上擺放的東西，不論鑽石珠寶，名家字紙，垃圾雜什……一切一切，別人都可以拿去而不算犯法行為。至於繳了房租住進公寓，也是再合法不過。而「想像」住在隔壁的鄰居的生活，本來就是作家擅長的份內，至於所寫內容是否傷害被寫者，才是書寫的權限。從來不知道我的一切合法的「趣寫張愛玲字紙袋」的報導，到底所言正不正確？有沒有道著了她？只不過是我的想像呢！

就這樣了，其他許多，有興趣的話到我的網站去慢慢找吧！都在留言版裡，相干不相干的內容很多，得一頁一頁耐著性子尋就是了。

根據戴文采〈廿年〉，瘂弦在拒訪之後不大清楚後續行動細節，沒有指使戴文采撿拾張愛玲字紙來寫文章。瘂弦從來沒說他可以完全置身事外，至少他得為下屬（蘇偉貞）的行為負責。就二〇〇八年七月十日與同年七月十七日瘂弦給我的兩信看來，瘂弦為了這個事件常年挨罵，受氣而拒絕回應的考量之一，乃預見自己如果擺脫糾纏，外人可能進而問罪當年在聯副工作的蘇偉貞。寧可忍辱而袒護舊部，實為擔當。

瘂弦所慮，似具全面性，乃一生志業定位之關切，近孔子所言：「君子疾沒世而名不稱焉」。這句話的語譯：「君子深怕死後他的名聲不被人稱道。」[15]但我認為沒有任何理由擔心垃圾事件將會演變成瘂弦管理責任之外的汙點。所有涉案人士因此事而受到的口水攻擊，全部加起來，比起張愛玲一生所遭遇的明槍暗箭，都只是九牛一毛。外界想要加諸的屈辱，如果當事人泰然自若，那些攻擊就不能造成傷害，無屈辱可言。瘂弦也有他的「老本」，也有必須扛上肩的包袱。

蘇偉貞是知名的張學研究者。我相信她景仰張愛玲。戴文采認為蘇偉貞代表聯副，告訴別人她受聯副委託，這種說法並無錯誤可言。戴文采在模擬兩可的代表性裡運作，產生層層疊疊的誤解，糾纏不清的責任認知，抑或是大家都始料不及的後果。今日視之，戴文采〈華麗緣——我的鄰居張愛玲〉前頭（如戴自己承認）學胡蘭成，後半（她沒有承認）學張愛玲。[16]行文如此，令人覺得當時戴文采具有敬仰前輩作家的率直單純。

這點很要緊。我們必須了解蘇偉貞戴文采並無專業狗仔隊的前科，所牟之名利實在也相當有限。採訪本意純淨，轉型方式欠缺理想，但沒釀成大錯，不是禍國殃民的勾當。張愛玲箇中老手，知道粉絲「來者不『惡』」，避開就好。張愛玲危機處理如此嫻熟，到底是第三次不速之客了。

最重要的是：較諸網絡上可見的激情反應，〈廿年〉顯示廿年之後戴文采具有雨過天清，平和憶述往事的優良資質。這非常難得。時間或許未能完全洗滌記憶，至少幫助我們原諒：寬恕別人，饒了自己。

15 語譯出自謝冰瑩等，《新譯「四書讀本」》，頁二四八—四九。

16 戴文采，〈華麗緣——我的鄰居張愛玲〉，原載美洲「中報」，收入兩書：戴文采，《女人啊！女人》（台北：圓神，一九八九）；陳子善編，《私語張愛玲》（杭州：浙江文藝，一九九五）。

季季〈我與張愛玲的垃圾〉鞭撻瘂弦、聯副、與戴文采。[17]但她在台北印刻文學月刊連載過的回憶錄沒有用絕對的是非對錯去月旦自己婚姻的災難。可見季季瞭解歲月如何允許人生智慧增長。那種成熟的態度既為自己療傷，也增加文章的可讀性。因此我們不應該依據〈我與張愛玲的垃圾〉而斷言季季待人接物胸襟狹隘。我們（包括筆者在內）面壁思過的科目之一：每當自己覺得百分之兩百絕對正確，就該退一步試想別個角度或立場。

即便這樣，我想利用這個機會回顧季季〈我與張愛玲的垃圾〉四個技術性的問題。

其一。季季指稱瘂弦看完來稿〈華麗緣——我的鄰居張愛玲〉之後，曾答覆戴文采：「我們要等張愛玲百年之後，才能發表你這篇稿子。」寓意是瘂弦並非拒登，而是留用，以便為《聯合報》在張過世之後，立即發表，為該報搶得新聞報導的頭籌。這個陰謀論的目的就是羅織罪名於瘂弦。事實證明並非如此。

其二。季季認為掏垃圾違反美國法律，戴文采則持相反意見。誰對呢？在這起事件發生的一九八八年，美國聯邦最高法院判決：放在路邊等待垃圾公司收走的垃圾並無法律所可保護的隱私權。當時聯邦大法官們審理的案例涉及警探在毒販家門前，街邊垃圾袋裡找到販毒證據。然而判決影響很廣，不限於警察或毒販。[18]當然還有其他相關法律交叉照射。比如垃圾桶放在私有土地上，外人撿拾就算非法入侵私人領土。再舉個例子，有些城市為保障公家收入，設定地方法規，不准在別人垃圾桶挑撿可回收出賣的物品。在張的案例裡，公寓住戶共用大型垃圾集中櫃；就住戶而言，想來垃圾集中櫃不能算是放在個人私有土地上，外人不能碰觸的私物。戴文采並未刻意以回收品方式出售份量有限的字紙，或許不算違規。近年來美國社會相當關切個人身份資料（社安卡號碼，信用卡號碼等等）竊案。戴文采沒有那種企圖或行徑。所以戴文采掏垃圾，我非法律專業，我猜測合法要比犯法的機率要大得多。

其三。〈我與張愛玲的垃圾〉說「張愛玲孤島時期揚名上海灘」，欠妥。改為「後孤島時期」較好。[19]

其四。〈我與張愛玲的垃圾〉認為浦麗琳發現《海上花》英譯稿，欠妥。應該說明宋家以及為南加大爭取到該稿的張錯一向知道《海上花》英譯稿的存在。[20]

張愛玲受追蹤，痖弦遭池魚之殃，皆盛名之累，然亦今日景觀而已。如果千年之後無人知曉張愛玲與痖弦這兩個名字，我們現在講什麼都無關緊要。當然未雨綢繆仍屬上策。假設他們兩人或兩者之一傳得下去，那麼本文釐清痖弦參與採訪張的事件原狀，就為千年之後的作家傳記提供了確切可信的史料。

17 季季，〈我與張愛玲的垃圾〉，原載《九十年代》（一九九五年十月）；後收入張子靜、季季合著，《我的姊姊張愛玲》（台北：時報文化，一九九六）；（台北縣中和市：ＩＮＫ印刻，二〇〇五）。

18 這個案子的英文名稱：California vs. Greenwood。

19 高全之，〈上海「孤島」與「上海孤島」〉，《張愛玲學》增訂二版，頁四一－四七。

20 高全之，〈鬧劇與秩序——誰最先發現張愛玲英譯《海上花》遺稿〉，《張愛玲學》增訂二版，頁四三七－四四二。

高定生前意識到類似的問題。雖然市面上已有別人為他寫傳，他仍然刻意留下不為立刻出書而寫的日記，以便後人深度瞭解他。約翰・卡爾瑞應高定女兒邀請而為高定寫傳，用了很多仍未整理編目、前所未見的原始憑件。卡爾瑞唯恐讀者已經遺忘傳主，故意在書名裡放個子題，書名變成《威廉・高定：寫「蒼蠅王」的那個人》。當然高定文學的玄機不限於那部成名小說。高定怕批評家，也懼創作，因為他深恐失敗。他知道只有在自己文學經得起時間考驗的前提之下，後世讀者才會仔細研讀他的日記。[21]

文章身後事。身後很久之後的事。

21 John Carey, *William GOLDING, The Man Who Wrote Lord of the Flies*, pp. 516-19。

胡適與張愛玲的初晤

〈憶胡適之〉的一種讀法

一

一九六二年二月廿四日胡適在台灣過世。一九六八年一月七日張愛玲寄〈憶胡適之〉文稿給宋淇，同月廿一日寄修訂文字。經由宋淇安排，文章於同年二月份香港《明報月刊》發表。[1]這篇散文收入一九七六年五月台北皇冠文化出版有限公司「張愛玲全集」的《張看》。

文章裡有胡適和張愛玲來往信件各一：一九五五年一月廿五日胡適來信，以及同年二月廿日張愛玲回信。當時張愛玲人在香港，收到胡適信並回覆，然後於年底離港赴美。張愛玲曾遺失兩信。一九六七年六月十三日宋淇寄兩信抄本給張愛玲。該信開宗明義說：「附上胡適之的信和你的覆信。」我們確知鄺文美抄存兩信，因為〈憶胡適之〉提及那位抄存的朋友，用了女性的「她」。

〈憶胡適之〉沒有提供胡適和張愛玲交往的全貌。該文自承失漏。比如其首句說：「一九五四年秋，我在香港寄了本《秧歌》給胡適先生，另寫了封短信，沒留底稿」。所以我們知道有那麼封張愛玲信丟失待尋。但該文暗藏著——我們稍後會證明——背離實際情況的細節。我們首先還原真相，然後在那歷史事實上試答以下幾個相關而且相當有趣的問題。其一，張愛玲寫這篇悼文的主要動機，顯然是記錄胡適對長篇小說《秧歌》的肯定。然而該文提供的胡適信件來自抄本，沒有原始憑證。我們曾在〈張愛玲與書市謊言〉討論宋淇施放謊言來操作張愛玲書市。所以最好能夠找到其他證據來確認胡適的意見。其二，〈憶胡適之〉

流露張愛玲好奇於胡適的宗教信仰，尤其是基督教。胡適的宗教信仰是什麼？為何那個認知重要？其三，〈憶胡適之〉提及張愛玲自己的宗教經驗。這與她的宗教信仰有什麼關係？宗教信仰如何影響胡適的學術和張愛玲的創作？其四，〈憶胡適之〉記述胡適和張愛玲見面的情形與事實——假如我們能夠確認事實的話——有何出入？〈憶胡適之〉寫於兩人初晤的大約十二年後。為什麼張愛玲的回憶與事實產生落差？

二

容我們逐步還原真相。

張愛玲寄給胡適但沒留底稿的信倖存於一九五五年一月十一日胡適日記內。

適之先生：

請原諒我這樣冒昧的寫信來。很久以前我讀到您寫的《醒世姻緣》與《海上花》的考

1 張愛玲、宋淇、宋鄺文美，《紙短情長：張愛玲往來書信集・I》、《書不盡言：張愛玲往來書信集・II》。本文引用張愛玲和宋淇書信，如非特別點明，都出自這兩本書。由日期查原文非常方便，不另加註。我沿用該書編排方式，為方便讀者，在書信裡的英文之後添上中譯，標以〔〕。有些中譯直接取自該書，有些是補遺或修訂。

證，印象非常深，後來找了這兩部小說來看，這些年來，前後不知看了多少遍，自己以為得到不少益處。我希望您肯看一遍《秧歌》。假使您認為稍稍有一點接近「平淡而近自然」的境界，那我就太高興了。這本書我還寫了一個英文本，由Scribner's〔斯克里布納出版社〕出版，大概還有幾個月，等印出來了我再寄來請您指正。

張愛玲　十月廿五日[2]

胡適閱讀《秧歌》的意見記錄在一九五五年一月廿三日的日記裡：

去年十一月，我收到香港張愛玲女士寄來他的小說《秧歌》，並附有一信。（信附上頁）

我讀了這本小說，覺得很好。後來又讀了一遍，更覺得作者確已能做到「平淡而近自然」的境界。近年所出中國小說，這本小說可算是最好的了。

一月廿五日，我答他一信，很稱讚此書。我說，「如果我提倡《醒世姻緣》與《海上花》的結果單止產生了你這本小說，我也應該很滿意了。」（此信沒有留稿）[3]

這條一月廿三日的日記說：「一月廿五日，我答他一信」。聯經版「胡適日記全集」編者盡責添加了腳註，指出兩個日期有「矛盾」，但不知如何辨識正誤。〈憶胡適之〉所收胡適信，信尾寫：「一月廿五日」。可見確為廿五日。這條廿三日的日記是隔幾天之後的補記，誤把廿五日的事放到廿三日的日記部分了。胡適晚年日記經常中斷，跳過幾天才繼續，有時用報刊剪輯充當日記，有時註明是補記，有時沒有註明。比如一九五六年六月廿三日日記說明是個補記，記老友王景春於那天病故。補記偶見失誤，可以理解。

胡適與張愛玲初晤於一九五五年十一月十日。當時胡適六十四歲，張愛玲三十五歲。那天的胡適日記有這段文字：

> Called on Miss Eileen Chang〔拜訪張愛玲女士〕，張愛玲，"author of"《秧歌》〔《秧歌》作者〕。
>
> 始知她是豐潤張幼樵的孫女。
>
> 張幼樵（佩綸）在光緒七年（一八八一）作書介紹先父（胡傳，字鐵花）去見吳愙齋（大澂）。此是先父後來事功的開始。
>
> 幼樵貶謫時，日記中曾記先父遠道寄函並寄銀二百兩。幼樵似甚感動，故日記特書此事。（《澗于日記》有石印本）。

2 《胡適日記全集》第九冊（台北：聯經，二〇一八，二版），頁一〇五—一〇六。

3 同前註，頁一〇六。

幼樵遺集中竟收此介紹一個老秀才的信，——我曾見之，——可見他在當時亦不是輕易寫此信也。

《澗于全集》刻在一九二四〔年〕，二十卷。[4]

胡張會面的緣起記於一九五五年十一月廿日張愛玲致鄺文美信。那封信寫了兩次才寄出，註明是九日與廿日。寫於九日的部分講張愛玲初抵紐約，寫信給胡適。然後胡適打電話約見：

> 寫到這裡，正想說起前兩天我寫了封信給胡適之，告訴他我在這裡，並提起我想找點繙譯的事做。竟有這樣巧事，馬上有一個電話來，是胡適之！他說我寄來的中文書，被海關扣留了半年多，他本想收到書後寫信去的，所以躭擱著沒寫。英文的《秧歌》他買了許多本分送朋友，所以可以說曾幫着推銷。（Dick〔理查德・麥卡錫〕確是忘了告訴 Mrs. Rodell〔代理人莫瑞・羅德爾〕寄一本去給他）他說明天下午來看我。我真高興極了。

胡適日記證明胡適次日如期赴約，而且那是兩人之間的初晤。台北聯經版「胡適日記全集」提到張愛玲，就只前文引用的兩條。所以毋庸置疑一九五五年十一月十日胡張會面是初晤。這個確認幫助我們理解張愛玲〈憶胡適之〉的一條資料：張愛玲母親和姑姑曾和胡適同桌打牌。〈憶胡適之〉沒交代打牌時間或地點。現在我們確知胡適在那個打牌的場合沒有見到張愛玲。很可能打牌事件發生在張愛玲出世之前。打牌可能發生在胡適一九一七年念完博士課程回國之後不久。當時胡適名滿全國，張愛玲還未出世。我們稍後會討論〈憶胡適之〉所示，張愛玲景仰胡適的超高程度。張愛玲滿心敬佩，如在紐約市之前已見過面，不太可能不提。

胡適日記完全沒有提到張愛玲致宋淇夫婦信札所記，一九五五年二月廿日張愛玲回胡適的信，以及〈憶胡適之〉提到的其他胡張會見。這並不表示張愛玲憑空捏造。胡適日記文字多寡反映他的健康情況、涉事是否有關國家機密，以及當時生命熱情的冷暖。胡適在美國閒居期間相當落寞。一九五五年有二百六十五天，只有四十五天留下日記，其中四天完全以黏附的剪報交差，所以只有四十一天落筆。

4 同前註，頁一六〇。關於張佩綸與胡鐵花的交往，可參考胡頌平編著，《胡適之先生年譜長編初稿．補編》增補版，第九冊（台北：聯經，二〇一五），頁三一九五—一九七。

三

前引胡適日記提到張愛玲祖父張佩綸曾經給胡適父親胡鐵花寫過謀職的推薦信。那可能是胡適與張家後人交往的原因之一。〈憶胡適之〉有這句話：「他講他父親認識我的祖父，似乎是我祖父幫過他父親一個小忙。我連這段小故事都不記得，彷彿太荒唐。」一九五五年十一月廿日張愛玲致鄺文美信：「後來胡適曾有信來講我祖父與他父親的事，下次附寄給你看。」可惜胡適寫於十一月九日和廿日之間的那封信可能已經失傳了。

胡適知道張愛玲隻身到異鄉謀生的艱難，曾為張愛玲介紹工作。那個嘗試可視為胡適回報張佩綸恩情的企圖。一九五五年十二月十八日張愛玲致鄺文美信：「胡適之說Harvard〔哈佛大學〕有點東西要找人翻譯，向他問起，他把我的名字交給他們了。但是迄今音信杳然。」可惜沒成。

張愛玲原先從胡適〈《海上花列傳》序〉看到「平淡而近自然」的提示。以下引自該文：

> 魯迅先生稱贊《海上花》「平淡而近自然」。這是文學上很不易做到的境界。但這種「平淡而近自然」的風格是普通看小說的人所不能賞識的。《海上花》所以不能風行一世，這也是一個重要原因。[5]

胡適〈《海上花列傳》序〉引用的是魯迅《中國小說史略》的意見：

> 光緒末至宣統初，上海此類小說之出尤多，往往數回輒中止，殆得賂矣；而無所營求，僅欲揭發伎家罪惡之書亦興起，惟大都巧為羅織，故作已甚之辭，冀震聳世間耳目，終未有如《海上花列傳》之平淡而近自然者。[6]

所以這個「平淡而近自然」的概念從魯迅開始，到胡適，最後啟發了張愛玲。張愛玲「平淡而近自然」的努力不限於《秧歌》。一九七八年四月廿三日，張愛玲致鄺文美、宋淇信：「『平淡而近自然』一直是我的一個標準。寫《半生緣》的時候，桑弧就說我現在寫得淡得使人沒有印象。」這裡提及的《半生緣》應是《十八春》。桑弧看到而且與張愛玲討論的不可能是後來改寫而成的《半生緣》。張愛玲認為《十八春》多少也近於那個小說境界。但《十八春》的「平淡而近自然」也可能是因應當時客觀環境的結果。一九七六年四月四日張愛玲致鄺文美、宋淇信：「要在共黨治下我才寫得出《十八春》。」所以那個作品境界，雖然說詞相同，難與《秧歌》相提並論。

---

5 《胡適古典文學研究論集》下冊（上海：上海古籍，一九八八），頁一二二八。

6 《魯迅全集》卷九（北京：人民文學，二〇〇五），頁二七五。

魯迅的《海上花列傳》評見出自同類小說之間的比較。我們東施效顰，認為《秧歌》在目前所見的中國土改小說裡出類拔萃，因其「平淡而近自然」。

最要緊的是胡適同意《秧歌》小說已達到「平淡而近自然」的境界。前引一九五五年一月廿三日日記裡這句話：「近年所出中國小說，這本小說可算是最好的了。」當時兩人仍未見面，胡適尚未知道張愛玲家世。胡適沒有為了兩家淵源，尤其是張佩綸於胡鐵花有恩，還個人情而說些違心讚語。我們可以確認：胡適根據他的文學鑑賞能力與品味來肯定《秧歌》。

四

初晤地點是張愛玲居所：救世軍為窮人所辦的女子宿舍。我們現在知道該宿舍的名字：布蘭登俱樂部（Brandon Club）。張愛玲阮囊羞澀，所以選擇住在那裡：「一星期十八元，包括兩頓飯，合算大概比單獨住便宜不只一半。」（一九五五年十一月廿日張愛玲致鄺文美信）〈憶胡適之〉坦陳自己處境艱難：

> 是救世軍辦的，救世軍是出名救濟貧民的，誰聽見了都會駭笑，就連住在那裡的女孩子們提起來也都訕訕的嗤笑著。

在私信中張愛玲屢次用英文描寫美國在地人對那住所的鄙視：建築物本身破舊，而且地區髒亂。

我告訴Fatima（炎櫻）胡適之到宿舍裡來看我，她說，「What! In that dump?（什麼！去那又髒又舊的地方？）」（一九五五年十一月廿日張愛玲致鄺文美信）

現在我這宿舍比YMCA（基督教青年會）便宜得多，地域也更shabby（髒亂），害得Marie（代理人莫瑞・羅德爾Marie Rodell）總是很難為情的對人解釋：「Eileen went and found herself a sort of residential club（愛玲幫自己找了類似住宅俱樂部的住處）」——已經不止一次聽見她這樣說了。她是不好意思勸我，the right thing to do（該做的事）是在一個講究些的區域分租一間房間，設法別處刻苦些，也許每月也不多花多少錢。（一九五五年十二月十八日張愛玲致鄺文美信）

凡此種種，都幫助我們瞭解胡適多麼與眾不同。當時胡適已在美國紐約市住了一陣子，不可能不知道當地的勢利世風。胡適非僅沒有流露厭惡，而且表示讚賞。〈憶胡適之〉認為胡適有涵養，不讓張愛玲難堪，但也順勢提及胡適的基督教經驗：

適之先生直讚這地方很好。我心裡想，還是我們中國人有涵養。坐了一會兒出來，他一路四面看著，仍舊滿口說好，不像是敷衍話。也許是覺得我沒有虛榮心，我當時也沒有琢磨出來，只馬上想起他寫的他在美國的學生時代，有一天晚上去參加復興會教派篝火晚會的情形。

張愛玲曾寄宿並畢業於上海（主教派教會辦的）聖瑪麗亞女校，可能對基督教派別有些基本了解。我無從查證胡適參加的基督教學生聯合會是否屬於〈憶胡適之〉所說的復興會教派。胡適在康乃爾大學農學院求學時期，參加在孛可諾松林的兩階段基督教夏令營。自一九一一年六月十三日起，至十九日止，由中國基督教學生會（又稱「中國留美東省耶教會」）主辦，自廿日起，至廿二日止，由美國基督學生夏令會（又稱「美國東省耶教學生會」）接辦。那個時期的日記連續不間斷，始終沒有明確標示主辦單位所屬的教會派別名稱。[7]好在教派與本文的討論沒有明顯的關係。

〈憶胡適之〉展示張愛玲好奇於胡適的宗教信仰，卻輕描淡寫胡適的基督教經驗。點到為止，顯示作者有自知之明，知道自己未曾詳查相關資料。理由很簡單：在〈憶胡適之〉完成的年份之前，胡適的宗教經驗已經斑斑可考。例如一九三七年四月上海亞東圖書館出版「藏暉室箚記」，一九四七年十一月上海商務印書館改名重印出版「胡適留學日記」，都記載胡適留美期間，超越基督教夏令營閱歷的美國民間宗教觀察和體會。我們稍後會引用幾則日記來證明這點。

兩人初晤之時，胡適對美國的了解更為完整，早已不是一九一一年涉事不深的吳下阿蒙。當時胡適的宗教信仰有兩個值得我們注意的面相。

其一，幫助他擺脫佛道兩教思想束縛的力量，比如司馬光和范縝質疑宗教的基本邏輯推理，仍然適用於他後來遇到的（包括基督教在內）其他人間宗教。胡適的宗教啟蒙者是父親胡鐵花。英文〈我的信念〉（What I Believe, 1931）以及《四十自述》提到三個人影響他的宗教信仰，排名都以父親居先：胡鐵花，司馬光，范縝。[8]〈我的信念〉提到父親，用詞是「有其父必有其子」，英文原文是：I was my father's son。胡適三歲八個月喪父。胡鐵花建立的家風影響胡適。家門掛著「僧道無緣」四字，一生一世記在這個孩子心上，沒有褪色。佛教與道教都是他在美國接觸宗教時候，反思的參考。胡適的天主教和基督教觀察是他對佛教和道教理解的延伸。這裡先舉個佛教例子。一九一二年十二月廿四日耶誕節前夕，胡適首度在

7《胡適日記全集》第一冊（台北：聯經，二〇一八，二版），頁二三〇—三一；《胡適選集：日記》一九六六），頁一〇七。

8 網路版 http://jxzl.j9p.com/pc/hussiszis.pdf。叢書名：作家榜經典文庫。根據〈出版說明〉，《四十自述》以上海亞東圖書館一九三九年一月排印本為底本。附錄英文自述，"What I Believe" 摘自美國 *Forum* 雜誌，一九三一年一、二月號，生活哲學專欄（Living Philosophies）。〈出版說明〉並說：「這篇英文自述與《四十自述》相吻合，被視為寫作《四十自述》時的藍本。」

天主教堂觀彌撒。教堂裡眾多偶像使他想到中國宗教神像：「此等偶像，與吾國神像何異？」那個天主教彌撒令他進一步想到佛教：

壇上牧師合十行禮，儼如佛教僧徒，跪拜起立，沓沓可厭。其所用經文及頌禱之詞，都不可解，久之，始辨為拉丁文也。吾敢言座中男女十人中無二三能解其詞義者。此與佛教之經呪何異乎？（佛經中梵文名詞都直譯其音，即如「南無阿彌陀佛」，今有幾人能言其意耶？）始行禮時，已十一時，禮畢，則已一點半矣。子夜風雪中坐此莊嚴之土，聞肅穆之樂歌，感人特深，宗教之魔力正在此耳。正在此耳。「宗廟之中，不使民以敬而民自敬，」古人知之熟矣。此為吾生第一次入天主教之禮拜堂也。[9]

這裡是道教例子。一九一四年九月六日早晨，胡適到波士頓「耶教醫術派」教堂（The First Church of Christ Scientist）瞻禮。當天日記有以下析論：

其所論者大抵皆談玄說理，乃哲學之範圍，而非宗教之範圍也。頗怪此宗派為耶氏各派中之最近迷信者。其以信仰治病，與道家之符籙治病何異？而此派之哲學，乃近極端之唯心派，其理玄妙，非凡愚所能洞曉。吾國道教亦最迷信，乃以老子為教祖，以道德經為教典，其理玄妙，尤非凡愚所能洞曉。余據此二事觀之，疑迷信之宗教，與玄奧之哲理，二者之間，當有無形之關係。其關係為何？曰，反比例是也。宗教迷信愈深，則其所傅會之哲學愈玄妙。彼吕明之耶教孔教，皆無有奥妙難解之哲理為之根據也。（此僅余一時臆說，不知當否？）[10]

一九四〇年十二月十五日，胡適參加英國大使Lothian〔洛錫安〕的喪禮。日記說：「Lothian 本是天主教，後來信奉Christian Science〔耶教醫術派〕，故病了不肯請醫生，竟擔誤至死！（Christian Science 一派，見我的《箚記》（二），頁三七七—三七九）」同月廿四日再記此事：Lord Lothian〔洛錫安勳爵〕的valet〔貼身男僕〕，參事夫婦都是Christian Science同道。生病不就醫，「擔誤至死」。[11]

其二，胡適宗教態度圓熟，他尊重別人的宗教信仰選擇。

胡適家人在父親胡鐵花過世和四叔上任做官之後，再也沒有秉承程朱理學的大家長。家門貼著的「僧道無緣」條子不再有約束力。女眷（包括胡適母親在內）開始自由拜神佛。但胡適不可能因為宗教信仰而責怪他敬愛的母親無知。

9 《胡適日記全集》第一冊，頁二三〇—三一；《胡適選集：日記》（一九六六），頁一〇七。
10 《胡適日記全集》第一冊，頁四七五—七六；《胡適選集：日記》，頁一一七—一一八。
11 《胡適日記全集》第八冊（台北：聯經，二〇一八，二版），頁七九、八二。

《四十自述》說作者十七歲左右在《競業旬報》撰寫「破除迷信，開通民智」的小說和論述，並曾痛罵《西遊記》和《封神榜》：「這是戊申（一九〇八）年八月發表的。誰也夢想不到說這話的小孩子在十五年後（一九二三）居然很熱心的替《西遊記》作兩萬字的考證！如果他有好材料，也許他將來還替《封神榜》作考證哩！」胡適〈容忍與自由〉（一九五九）重提了這個《西遊記》和《封神榜》態度的巨變：

我在五十年前引用「王制」第四誅，要「殺」《西遊記》《封神榜》的作者。那時我當然沒有夢想到十年之後我在北京大學教書時就有一些同樣「衛道」的正人君子也想引用「王制」的第三誅，要「殺」我和我的朋友，當年我要「殺」人，後來人要「殺」我，動機是一樣的：都是因為動了一點正義的火氣，就失掉容忍的度量了。[12]

胡適發現人間宗教在種種愚昧和誤導之外，對文化發展，社會福利，人生觀，以及人類行為有其貢獻。最有說服力的證據是一九二二年六月廿四日的日記。胡適晚間去朋友家吃飯，大家高談闊論宗教問題。最後胡適為他們做結論如下：

（1）不必向歷史裡去求事例來替宗教辯護，也不必向歷史裡去求事例來反對宗教。因為沒有一個大宗教在歷史上不曾立過大功、犯過大罪的。

（2）現在人多把「基督教」與「近代文化」混作一件事：這是不合的。即如協和醫校，分析起來，百分之九十九是近代文化，百分之一是基督教。何必混作一件事？混作一事，所以反對的人要向歷史裡去尋教會摧殘科學的事例來罵基督教了。

（3）宗教是一件個人的事，誰也不能干涉誰的宗教。容忍的態度最好。[13]

五

〈憶胡適之〉提到那個胡適參與的基督教活動有多個記錄。胡適〈我的信念〉說自己差點在營火晚會上皈依基督教。（英文原文是：I almost decided to become a Christian.）那個宗教經驗憶述的較新版本，唐德剛譯註的《胡適口述自傳》，也說自己「幾乎」轉變成基督徒：

在一九一一年的夏天——也就是我從大學一年級升入二年級的那個夏天——有一次我應約去費城的孛可諾松林區（Pocono Pines）參加"中國基督教學生聯合會"的暑期集會。會址是在海拔二千英尺、風景清幽的高山之上。雖在盛暑，卻頗有涼意。該地有各

12《胡適之先生年譜長編初稿・補編》增補版，第八冊（台北：聯經，二〇一五），頁二八五五。

13《胡適日記全集》第三冊，頁六四六。

項設備，足供小型的宗教集會之用。在我的《留學日記》裡便記載著，一日晚間，我實在被這小型聚會的興盛氣氛所感動，我當場保證我以後要去研究基督教。在我的日記裡，以及後來和朋友通信的函札上，我就說我幾乎做了基督徒。可是後來又在相同的情緒下，我又反悔了。直至今日我仍然是個未經感化的異端。但是在我的日記裡我卻小心地記錄下這一段經驗，算是我青年時代一部分經驗的記錄。[14]

但在接近事發日期的日記以及給友人信札，胡適講到同一經歷，曾明確宣稱自己已經變成「耶穌信徒」。那個訊息與公開發表的文章或口述自傳的不確定性有其差異。表述落差來自宗教信仰轉變。

胡適皈依以及離棄基督教的過程大致有三個階段。首先是信教之前。一九一一年六月十七日致章希呂信：「適連日聆諸名人演說，又觀舊日友人受耶教感化，其變化氣質之功，真令人可驚。適亦有奉行耶氏之意，現尚未能真正奉行。」第二階段是信教。六月十八日日記：「自今日為始，余為耶穌信徒矣。是夜Mr. Mercer〔默瑟先生〕演說其一身所歷，甚動人，余為墮淚。聽眾亦皆墮淚。會終有七人起立自願為耶穌信徒，其一人即我也。」六月廿一日致許怡蓀信重述，誤記為「昨日」：「昨日之夜，弟遂為耶氏之徒矣。」，前夜「會終有七人（此是中國學生會會員，大抵皆教中人，惟八九人未為教徒耳，）起立，自願為耶教信徒，其一人即我也。」第三階段是反省。有兩筆資料。第一筆是在致許怡蓀信後，註明為

「八年十月追記」的記錄：「此書所云『遂為耶氏之徒』一層，後竟不成事實。然此書所記他們用『感情的』手段來捉人，實是真情。後來我細想此事，深恨其玩這種『把戲』，故起一種反動。但是這書所記，可代表一種重要的過渡，也是一件個人歷史的好材料。」第二筆資料是六月十八日日記的附記：「這一次在孛可諾松林（Pocono Pines）的集會，幾乎使我變成一個基督教徒。這冊日記太簡略，我當時有兩封信給章希呂與許怡蓀，記此事及當時的心境稍詳細，現在附鈔在此，與怡蓀信附有八年十月一跋，也附鈔在此」。[15]

孛可諾松林集會是胡適在美國求學第一次參加的校外活動。突然受到影響就信教，大概與他個性隨和，以及高度好奇於美國文化有關。舉個例證。〈我的信念〉憶述首度在現場觀看大學美式足球比賽，先是覺得運動員粗野而且大學生瘋狂加油有失莊重，但不久即開始感受到周遭氣氛的熱烈，回頭看見一位自己認識的白髮蒼蒼教授也在盡情宣洩，終於自覺形慚，竟也隨眾叫喊起來。

湯晏認為胡適沒有清楚交代叛離基督教的理由。[16]欠妥。前引胡適致許怡蓀信札的追記，

14 https://www.99csw.com/book/10267/370209.htm。網站名稱：藏書網。根據「藏書網」說明，這是康德剛根據美國哥倫比亞大學「中國口述歷史學部」所公布的胡適口述回憶十六次正式錄音的英文稿，和唐德剛所保存並經過胡適手訂的殘稿，對照參考，綜合譯出的。

15《胡適日記全集》第一冊，頁一五三—五七；《胡適選集：日記》，頁三四—三九。

16 湯晏，《青年胡適，一八九一—一九一七》（臺北：春山，二〇二〇），頁二二八—三〇。

已經明確解釋群聚組織者可能利用群聚感染來影響個人信念、情緒、和行為。那是政治、社會、宗教、商場活動裡常見的現象。這種體會幫助胡適梳析自己思想流程。宗教信仰改變是普遍的人生經驗。在一生裡，平常人的宗教信仰可以從無到有，從有到無，從宗教甲轉至宗教乙，或在某個宗教裡半信半疑，時信時疑。我們不排除一生篤信單一宗教，始終不變的可能。我們只是說：如有宗教信仰改變，沒有對錯可言。

多年後胡適再次表示了他對孛可諾松林夏令營傳教方法的不滿。夏令營活動開始的連續兩天都有穆德（Dr. John R. Mott）佈道。胡適一時大為折服，日記裡說演說「極動人」，「此君演說之能力真不可及」。給許怡蓀信說穆德「乃世界名人」。[17] 一九二二年四月，穆德到北平青年會佈道。主辦單位請北大著名教授胡適去主持，四月七日日記措辭是：「去做主席」。胡適覺得煩，日記有句：「有些基督教徒真可惡！」

穆德（以英文姓氏為中譯姓名）出現在「胡適日記全集」的第一冊（一九一一）以及第三冊（一九二二）。前者有英文名字，後者沒有。胡適沒說是同一人。「胡適日記全集」編者認為是兩個人，或者不能確定是同一人，第十冊（人名索引）個別處理，英文和中譯（穆德）列第一冊，中文姓名（穆德）列第三冊。

應是同一人。理由在於給許怡蓀信說穆德這個中譯來自當時海外華人報刊「青年會報」。那不是胡適自己的翻譯。在他那些留美朋友之間，或是在華人基督教教會活動的圈子裡，眾所周知這個名字。所以一九二二年日記再度提到穆德，無需另加英文姓名或解釋。

我們的發現不止於此。前引一九一一年胡適說穆德是「世界名人」，可視為正確的「預言」，因為穆德後來得到一九四六年諾貝爾和平獎。為何胡適提到的穆德就是那個諾貝爾和平獎得主呢？那個穆德（一八六五—一九五五）是康乃爾大學校友，基督教校園團契的強勁推手，主要的傳教對象是世界各地的大學生。最重要的證據是穆德曾於一九二二年到北平傳教。有張穆德傳記裡的照片，註明：「一九二二年，中華民國總統在北京接待世界基督教學生聯合會大會，穆德博士和他的翻譯向總統轉達來自三十多個國家的學生代表的祝賀」。[18]

日記前後關聯幫助我們體會胡適的情緒反應。北大教授胡適不再是當年無條件崇拜美國文化的留學生。由於是舊識，並且胡適記得一度在群聚感染的情況裡上當相信基督教，所以在北平受到這些傳教人糾纏，心生反感。

穆德在北平佈道的主辦人是外國人，所以胡適用英文回信坦言拒絕。日記抄錄了部分信文。以下是那個信文裡幾句重要的話：

> Two years ago, at that O-fu-ssu conference, I openly declared, in the presence of many christian workers, that I was atheist〔聯經版「胡適日記全集」二版第三冊誤一個字"atheist"

17《胡適日記全集》第一冊，頁一五二—五六；《胡適選集：日記》，頁三四—三七。

18 Basil Mathews, *John R. Mott, World Citizen*, New York: London: Harper & Brothers Publishers, 1934, p. 183.

為兩個字"a theist"〕and could never accept the christian conceptions of God and immortality. I was, and am still, opposed to all proselyte in religion.[19]

〔以下是我的中譯〕

兩年前，在那次O-fu-ssu會議上，我在許多基督徒工作人員面前公開宣布我是一個無神論者，絕不能接受基督教的上帝和永生概念。我曾經並且現在仍然反對所有宗教傳教士。

最後一句「所有宗教傳教士」雖屬泛指，但此信為了穆德的佈道場子而發，劍尖指向再清楚不過。胡適完全逆轉了對穆德的看法。

胡適一生厭惡基督教傳教機制。一九四〇年一月廿二日，胡適參加一位美國參議員葬禮。當天日記說：「一年中三次弔喪了。西洋人的喪禮莊嚴哀敬，是可取的；而牧師致詞，多是無意義的空話，反來覆去，實在可厭！」同年二月一日，講該年接受五個名譽學位，其中有教會大學：「Wesleyan〔衛斯理安〕是Methodist〔衛理公會〕教派的大學，我不願受他們的學位，故去年他們邀請我，我婉辭謝卻了。今天他們又來，我有什麼法子呢？」[20]

我們有理由相信胡適對基督教傳教士的態度漸趨和緩。一九五三年六月十六日日記，節錄自己回覆一位基督徒來函（並附文一篇）的信件內容。胡適意見非常直率：指對方所言「全無根據」，「你的史學訓練太不嚴格，對於材料毫無鑒別的能力」，「心地太窄」，「很不忠厚」等等。但為了表示自己評見公允，先做以下聲明：

我是一個存疑論者，也確實一個無神論者。但我總覺得這個社會能容忍我的無神論，我應以容忍態度報答社會。

我從來不「譏嘲」能有「直覺」可同上帝發生直接交涉的人，也不「譏嘲」對於宇宙大謎「有答案的人」。[21]

中國古人稱那些能同神明直接溝通的人為「巫」，是種專業，並無貶意。有些現代宗教傳教士，不一定限於基督教，所言所行也是「巫」。胡適的聲明足以證明他難於苟同，但願意容忍基督教傳教士的立場。

19《胡適日記全集》第三冊，頁四九八—九九。
20《胡適日記全集》第八冊，頁一三、一一八。
21《胡適日記全集》第九冊，頁四二—四三。

為何胡適屢屢記錄自己對不同宗教的看法與體驗？答案與他的宏觀中國哲學思想歷史有關。胡適〈中國思想史綱要〉把中國思想史分為三個各別大約是一千年的階段：上古時期，中古時期，和（我們現在屬於的）近世時期。上古和中古時期的主要差別是佛教進入中國以及道教的興起。近世時期的「唯理哲學」（理學）始自韓愈對佛教的嚴厲批評。也就是說，中國思想發展史的特徵之一，即辨明人生與宗教的關係。胡適認為新的唯理主義：「這種科學的思想，並沒有能夠產生一種自然科學，可是它的精神，卻漸漸在歷史及哲學的研究中被察覺出來了。」近三百年來，「固有的唯理主義，現在變成科學性的了。而理智自由的精神，也就尋到了一個有力的武器。」胡適的結論是近世中國新的唯理主義以懷疑態度研究一切；實事求是，不做調人。那懷疑態度出自胡適父親尚未刊行著作裡的格言：「學生研究任何題目時，都必須首先用懷疑的精神。」子承父志，胡適也接受了那個新的唯理主義。[22]常規宗教的文獻是否可靠常無定論，並且都有其難以用理性或科學來解釋的神話傳說或奇蹟。信者恆信，在懷疑態度的觀照之下，難免令人存疑。

胡適私信曾說：「道士的書，百分之九十是偽作。」[23]另有個私人場合的坦率評論：「佛經戒人不妄語，其實全部佛經開頭便是妄語。光就中國翻譯的佛經來說，差不多開頭都是『如是我聞』。『佛說』，是指釋迦牟尼說經的時候，多少人在聽，甚至海龍王，天神菩薩等都來聽，任何不同時代，任何不同地方，任何不同的說話，統統都是佛說的。佛教人不妄語，但佛經開始就妄語。」[24]胡適並非因此而苛責佛教，因為他認為妄語是任何宗教文獻都有的現象：「許多和尚都是妄語的，就是佛經上也有許多妄語的。這是佛教徒傳教護法沒有法子不說妄語的。任何宗教都是如此。就像我們中國的經史諸子裡，也有說誑的，不妄語是做不到的。」[25]胡適是在這種思辨過程裡與常規的宗教信仰保持距離。

我們有理由臆測胡適目睹布蘭登女子宿舍艱困情況的正面反應，在於認可（出自福音會教派的）救世軍的運作。一九二一年六月十五日胡適日記收〈《吳虞文錄》序〉，其中這段話證明胡適認為常規宗教可能增長（或損害）禮法制度和人生幸福，助長（或阻礙）國民性：

我們對於一種學說或一種宗教，應該研究他在實際上發生了什麼影響：「他產生了什麼樣子的禮法制度？他所產生的禮法制度發生了什麼效果？增長了或是損害了人生多少幸福？造成了什麼樣子的國民性？助長了進步嗎？阻礙了進步嗎？」這些問題都是批評一種學說或一種宗教的標準。用這種實際的效果去批評學說與宗教，是最嚴厲又最平允的方法。[26]

22《胡適選集：歷史》（台北：文星，一九六六），頁一一三—二一一。
23 胡適，〈覆抽哉的信〉，《胡適古典文學研究論集》下冊，頁九四〇。
24 胡適，〈一九五九年十二月七日的談話〉，《胡適古典文學研究論集》下冊，頁一三三六。
25 胡頌平編著，《胡適之先生年譜長編初稿・補編》增補版，第九冊，頁三四二一。
26《胡適日記全集》第三冊，頁一一七。

胡適的宗教評價與宗教信仰涇渭分明，不相牴觸。胡適在初晤張愛玲前後，基督教信仰立場都堅定不變。我試各舉一例。初晤之前的例證見於一九二一年五月十八日胡適日記。日記裡有這段話：

上午，司徒爾先生（Dr. Stuart）與劉廷芳牧師與霍進德先生（H. T. Hodgkin）來談。霍君是一個「匱克」（Quacker），他的宗教信心很強，他以為一個人若不信上帝，若不信一個公道的天意，決不能有改良社會的熱心與毅力。我說，我不信上帝，並且絕對否認他這句通則。大賢如 John Stuart Mill〔約翰・斯圖爾特・米爾〕，T. H. Huxley〔赫胥黎〕，Charles Darwin〔達爾文〕，都不信上帝，但誰敢說他們沒有熱心與毅力嗎？[27]

初晤之後的例證是胡適過世前四年左右，回信向一位送他基督教聖經的女士致謝。信裡這麼說：

我自己是一個不信神的人，但我感謝這個社會能容忍我不信神，所以我一生自律，我也應該容忍世間一切誠心信神的人，應該恭敬一切相信宗教的人。這是我報答社會對我的容忍的一點微意。所以我感謝你贈我聖經的好意，感謝你關切我身體不大好，也相信你確曾得到信仰的益處，正如我認識的某些朋友確曾得到信仰的益處一樣。[28]

但胡適與基督教的關係不是〈憶胡適之〉提到的唯一的宗教經驗。

六

〈憶胡適之〉這段話觸及張愛玲自己的宗教經驗：

跟適之先生談，我確是如對神明。較具體的說，是像寫東西的時候停下來望著窗外一片空白的天，只想較近真實。

這是張愛玲文學裡少見，擁有神明高度的尊崇。我們知其真誠。一九五五年十一月廿日張愛玲致鄺文美信推許胡適之：「胡適之的確是個聖人模樣，我想你們看見他也不會失望。」值得注意對象明明是個個人（胡適），但所謂「神明」既非出自人間宗教，也與塵世凡人有其區別。作者刻意「較具體的說」，卻講成一種感覺上存在，實際捉摸不著，並不具體，像「空白的天」那樣的東西。觀念上比較接近一九四四年張愛玲散文〈中國人的宗教〉所說：

27 同前註，頁四五。

28 一九五八年五月十三日胡適致余耕蓀信，收入《胡適選集：書信》，頁一四一。

「中國知識份子的『天』與現代思想中的『自然』相吻合，偉大，走著它自己無情的路，與基督教慈愛的上帝無關。」

由於張愛玲是位無神論者，那「如見神明」是超越人間宗教的宗教經驗。何以知道張愛玲是位無神論者呢？張愛玲晚年憂心宋淇病情，想幫忙，卻發現自己的宗教信仰是個障礙。有封張愛玲致鄺文美的信寫了三次才寫完，註記了三個日期，一九九四年四月廿二日、廿三日、五月五日：

TV〔電視〕新聞上說有個醫學統計，禱告病癒的比不禱告的多許多。參與統計的醫生顧到聲名事業，不發表姓名，免受攻擊。腦筋的功能還有大片unmapped〔尚未確認的〕部分，所以會有精神影響物質的奇蹟。我覺得祈禱可能有效。不信宗教無法祈禱，不然一定天天禱告Stephen〔宋淇〕快點好。

美國電視節目談「禱告」，專指基督教或天主教的可能性較大。但我們無從確證。由於張愛玲的記述本身沒有點名任何特定宗教，我們姑且解釋她所說的禱告是個泛指的人間宗教行為。重點是這句：「不信宗教無法祈禱」。不信的是一般所知的人間宗教。一九九四年八月三十一日張愛玲致鄺文美信續談這個話題，進一步說明禱告或可減輕別人病症的理由或許是心靈感應。張愛玲猜想禱告有效，但沒有歸功於人間宗教或個別神明：

我上封信上說的禱告有效的醫學統計，只NBC〔全國廣播公司〕一家報道，另一個小電視台複述。似乎the media〔媒體〕不予置信，不然還要轟動。統計中看似最離奇的一點是病人不知道有人代禱告也好得快些。我想也許是一種telepathy〔心靈感應〕，即使不知道也獲得精神上的支持。

張愛玲猜想人間宗教的禱告行為或可產生心靈感應的特殊功能。在急於施援但覺得束手無策之際，張愛玲願意相信朋友精神上的支持有助於病人康復。她寫無神論者愛莫能助的無奈，其實正在表明自己正在提供對朋友的精神上的支持。

稍後我們將討論緊接前引信文的後續部分。

七

〈憶胡適之〉的兩種宗教經驗不同。胡適擺脫人間宗教的樊籬。張愛玲展示人間宗教之外的宗教感覺。無神論者的立場如何影響他們的文學作品，學術研究，或人生態度？這個議題難以三言兩語搞定。這裡我試提初步的個別觀察。

我們先說胡適。胡適是無神論者，但仍有宗教信仰和宗教情操。一九三六年一月九日胡適致周作人信，陳述個人宗教，以及「大神」崇拜。三位大神都是為國計民生，文化建設犧牲奉獻的榜樣：

我是一個「好事者」；我相信「多事總比少事好，有為總比無為好」；我相信種瓜總可以得瓜，種豆總可以得豆，但不下種必不會有收穫。收穫不必在我，而耕種應該是我們的責任。這種信仰已成一種宗教——個人的宗教，——雖然有時也信道不堅，守道不篤，也想嘲笑自己，「何苦乃爾！」但不久又終捨棄此種休假態度，回到我所謂「努力」的路上。

……（略）

生平自稱為「多神信徒」，我的神龕裡，有三位大神，一位是孔仲尼，取其「知其不可而為之」；一位是王介甫，取其「但能一切捨，管取佛歡喜」；一位是張江陵，取其「願以其身為蓐薦，使人寢處其上，溲溺垢穢之，吾無間焉，有欲割取我身鼻者，吾亦歡喜施與」。嗜好已深，明知老莊之旨亦自有道理，終不願以彼易此。[29]

胡適不信人間宗教，但肯定宗教於經典小說如《西遊記》和《封神榜》的影響。他個性隨和，設身處地去揣摩中國經典小說作者的原始動機。文學反映人生的方方面面。文學評論家必須具有理解和欣賞各種人生的寬宏胸襟。胡適的宗教態度允許他把《西遊記》自累積多年的佛、道、儒家教條裡拯救出來，進而印證中華民族生鮮活潑的想像力和幽默感。那是他中國古典文學研究的諸多成就之一。

值得注意胡適晚年稱讚《封神榜》的細菌戰與瘟疫的一個論見。他眼光銳利，注意到中國古人已經有現代戰爭概念：

如果中國沒有翻譯的佛經，就沒有《西遊記》、《封神榜》這兩部書了。最了不得的是《封神榜》上有物理的戰爭，還有化學的戰爭；更了不起的是細菌的戰爭，一次是瘟疫，他們知道到西天向神農皇帝去求藥；一次是出痘；這些都是細菌戰。——這些全靠想像力，想像力在文學上是很需要的呀。[30]

張愛玲的宗教態度與文學創作的關係是另種景觀。現在我們回顧前引一九九四年八月三十一日張愛玲致鄺文美信文的後續部分。

宗教中我比較喜歡天主教，因為有傳統的氣氛，連修女神父廢制服，拉丁文改英文

29 中國社會科學院近代史研究所、中華民國史研究室編，《胡適來往書信選》中冊（香港：中華書局香港分局，一九八三），頁二九六—九七。

30 胡適，〈一九五九年十二月七日的談話〉，《胡適古典文學研究論集》下冊，頁一三三六。

（沒King James Bible〔詹姆斯國王版本聖經〕的譯文之美）我都反對。新教為了適應現代科學，變得太bloodless〔無生氣〕，不能滿足信徒感情上的需要，所以許多人寧可選擇那些騙錢的教派。佛教在中國與當地的信仰結合，（如媽祖就像是為好官立祠一樣，也等於從前的部落崇拜祖先中的好領袖）。純正的佛教我覺得是哲學不是宗教。人在患難中需要宗教，並不能從佛教中得到多少安慰。釋迦牟尼看破一切出家的時候是個幸福的王子，多少有點像現代有些要什麼有什麼的青少年，有時候反而厭世自殺。

這幾個人間宗教評見都是擔憂宋淇病危，而且無奈於自己無能為力的餘續。所以不能相信文字表面的宗教指責。張愛玲寫〈中國人的宗教〉，意氣昂揚，表述民族的宏觀宗教和習性；《秧歌》上追《紅樓夢》，在神佛想像裡探討生命價值；張愛玲寫此信給鄺文美，已風燭殘年，即將步入人生盡頭，卻救友心切，表達急需神蹟的渴望：「純正的佛教我覺得是哲學不是宗教。人在患難中需要宗教，並不能從佛教中得到多少安慰。」

這種解讀允許我們瞭解張愛玲這個佛教評論與《秧歌》人物角色（如月香）的神格化筆墨不相牴觸。我曾指出英文版《秧歌》暗示女性修成羅漢果的情節具有特殊意義：「月香死若阿羅漢進入涅槃，暗示了透視性或超越性的宗教論述。」釋迦牟尼的生母在他很小的時候就去世，姨媽摩訶波闍波提接手撫養，視若己出。有些中文佛學書籍稱這位姨媽繼母為「大生主」。我曾以大生主為例，說明佛教肯定女性的佛性。[31]女性主義佛學學者溫迪・加林

（Wendy Garling）研究長久被忽視的古老文獻以及支離破碎的口述歷史，最近出版大生主英文傳記，提供了其他足以強化我先前意見的細節：大生主一百二十歲，預見兒子釋迦牟尼死期不遠，自動請求釋迦牟尼批准自己死亡。追隨她的五百女性信眾接著也做同樣的事。都心甘情願了卻此生，擺脫輪迴，進入涅槃境界。在她們進入涅槃之前，都遵循釋迦牟尼指示而施展神奇變幻法力，以便其他在場信眾相信女性也能進入涅槃境界。有佛教文獻說大生主進入涅槃的過程比釋迦牟尼更為神奇。至少這些女性求死得死，相當神祕。釋迦牟尼後來得病（可能是食物中毒）而過世。（《水滸傳》魯智深坐化，「自疊起兩隻腳，左腳搭在右腳，自然天性騰空」，也是奇妙的自願死亡。）全宇宙都參與了這五百零一位女性的葬禮。葬禮程序之一是個別火化她們遺體。（從文學想像的角度來看，《西遊記》小說裡唐僧告別肉身的方式較為不落俗套，令人驚嘆：過淩雲渡，掉進河裡，再回到無底船，見到自己遺體自河的上流漂下。）

達賴喇嘛說在三百多部藏譯印度佛經裡，罕見釋迦牟尼在世時候信眾（包括摩訶波闍波提在內）的生平記事。溫迪・加林認為釋迦牟尼在公元前四百年左右過世之後，男性僧侶接管教務，持續了近兩千五百年的男權專制，男性中心主義，和厭女情結；摩訶波闍波提的佛

---

31 高全之，〈盡在不言中——《秧歌》的神格與生機〉，《張愛玲學》增訂二版，頁一五五—八二。

32 Wendy Garling, *The Woman Who Raised The Buddha, The Extraordinary Life Of Mahaprajapati*, Boulder, Colorado: Shambhala Publications, Inc., 2021, pp.xi, 189-209.

教貢獻（養育兒子釋迦牟尼，幫助他成就涅槃，促成佛教誕生，領導女性信眾皈依，平等待遇女性信眾等等）在佛教文獻中被刻意忽略或刪除。[32]溫迪・加林有些數據來自佛教文獻的破簡殘篇，幾種印度古文的翻譯，以及口述歷史，難免有其限制，但其刨根掘柢的方法在在反映近當代視角。諸如此類的佛學研究直接印證或突顯英文版《秧歌》女性佛教觀點的現代性。

寫《秧歌》時候張愛玲沒有為個別朋友操心，前世來生與此時此刻可以有其溝通機制。但一旦面臨摯友生命危機，心裡迫切需要奇蹟出現，就難免對「袖手旁觀」的神明心生怨懟。在《紅樓夢》的虛擬世界裡，今生的遺憾不必急於在眼前得到補償，《秧歌》也允許那種可能性。當然，我們現在知道無神論曾在張愛玲宗教信仰裡萌芽，那個知識也能幫助小說體會。前文提到《秧歌》英文版結尾，月香死狀令人想到佛門羅漢坐像。月香的婆婆譚大娘嚇壞了，但是稍後看見野狗侵犯（大概是月香的）淺墳，想到死者月香連自己屍身都保護不了，怎麼可能是羅漢轉世呢？心裡的懼怕一時大為減輕。這個細節暗示譚大娘的佛教理解相當有限，因為佛教並不一定在意遺體。但譚大娘的推理邏輯也可能出自作者無神論思想。張愛玲不要《秧歌》英文版讀者認為她在宣傳迷信，所以要平衡一下故事思維。《秧歌》的宗教思想繁複，並非清澈見底的一池靜水。

八

這點值得注意：〈憶胡適之〉記述胡適和張愛玲在紐約會晤，次數和順序都有問題。〈憶胡適之〉先講張愛玲兩度拜訪胡適，其中第一次是和炎櫻結伴前往，最後才說胡適來訪。司馬新《張愛玲與賴雅》受〈憶胡適之〉誤導，所以說：「張愛玲抵達紐約不久，便去拜訪胡適博士。」[33]

〈憶胡適之〉說張愛玲去胡適家兩次。張愛玲致鄺文美信裡只提了一次。一九五五年十二月十八日信提到去胡適家看到胡太太。次年二月十日信：「我和Fatima〔炎櫻〕到胡家去過一次後，也沒有再去找過他們。」此信說不再去的原因是胡適不喜歡張愛玲先前寄去的《傳奇》和《赤地之戀》，張愛玲感覺受到「冷淡」待遇而不爽。張愛玲曾撰文表示未盡滿意於《赤地之戀》，但從未挑剔短篇小說集《傳奇》。胡適未置一詞，未必不欣賞。張愛玲或許過於敏感。

當然，在此信之後張愛玲可能又去拜訪胡適而未在信上再提。我們唯一能予確定的是〈憶胡適之〉故意將兩人初晤（胡適來探望）描述為訣別。〈憶胡適之〉說得斬釘截鐵：「那是我最後一次看見適之先生。」

33 司馬新，《張愛玲與賴雅》，頁七七。

也許張愛玲手上沒有舊信可資參考。全憑記憶，難免背離事實，錯把初晤當作訣別。如是，張愛玲就沒有刻意隱瞞真相。無論實況如何，張愛玲顯然認為憶述有重組往事的自由。

順序問題另外有個簡單解釋：晚輩應該先行拜會長輩，不能勞動長輩前來探望。舉個例子。一九五九年十月廿二日胡適日記說：「晚飯後，得電話，陳副總統要來談。我說，應該我去看他。八點去看他，談到十點。」[34]胡適表述自己「應該」去看陳副總統，原因大概是自承地位較低，不能勞駕對方過來拜訪。這是一種社交禮貌。胡適是張愛玲的雙重前輩：胡適在近代中國文學有近於獨領風騷的地位，張愛玲是受惠於白話文運動的作家之一；胡適認識張愛玲母親、姑姑，算是張家長輩的朋友。

如前文所述，胡適並非因為知道張愛玲家世，或曾與張家長輩交往的緣故，才來拜訪。胡適主動登門，非常可以理解：張愛玲初來乍到，人生地疏，地主胡適認可《秧歌》的成就，樂意先來探望這位年輕作者。

張愛玲重組憶述事件的更重要原因，可能是初晤留下深刻印象，所以她要把它寫成最後的印記。那個面對面的互動不只引起前文已略微討論的、超越人間宗教的宗教經驗，而且產生那種神明敬畏的後續調整。在那種神明敬畏的高峰，張愛玲認識到當時胡適流放於海外的處境。胡適鶴立雞群，異於其他在美國奮鬥謀生的華人。胡適在中國近代文化歷史上舉足輕重。一九五三年一月廿三日胡適日記附了*Time*〔美國《時代》雜誌〕英文報導，講中國大陸正在口徑一致，猛烈攻擊胡適。[35]沒有重要性，就不會引發傾全國之力的轟襲。但胡適在國外的情況不同。這是〈憶胡適之〉那句話的一種解讀：「而我向來相信凡是偶像都有『黏土腳』，否則就站不住，不可信。」胡適在美國未能「黏」上美國文化和社會的高原，沒在異鄉成為動見觀瞻的人物。以下是〈憶胡適之〉記錄的震撼性的偶像追憶：

> 我送到大門外，在台階上站著說話。天冷，風大，隔著條街從赫貞江上吹來。適之先生望著窗口露出的一角空濛的灰色河面，河上有霧，不知道怎麼笑瞇瞇的老是望著，看怔住了。他圍巾裹得嚴嚴的，脖子縮在半舊的黑大衣裡，厚實的肩背，頭臉相當大，整個凝成一座古銅半身像。我忽然一陣凜然，想著：原來是真像人家說的那樣。而我向來相信凡是偶像都有「黏土腳」，否則就站不住，不可信。我出來沒穿大衣，裡面暖氣太熱，只穿著件大挖頂的夏衣，倒也一點都不冷，站久了只覺得風颼颼的。我也跟著向河上望過去微笑著，可是彷彿有一陣悲風，隔著十萬八千里從時代的深處吹出來，吹得眼睛都睜不開。那是我最後一次看見適之先生。

胡適令張愛玲想到自己。胡適笑瞇瞇的望著赫貞江面，張愛玲學樣，「我也跟著向河上

34《胡適日記全集》第九冊，頁四二七。

35 同前註，頁一三。

望過去微笑著」。作為流放學者，作家，或知識分子，當時他們都在尋找一塊「黏土」，足以站立不倒的土地。張愛玲一時看不清未來，有些悲觀。「彷佛有一陣悲風，隔著十萬八千里從時代的深處吹出來，吹得眼睛都睜不開。」

胡適與張愛玲在紐約市見面後不久，一九五八年，回台出任中研院院長，在父親胡鐵花曾經出仕的地方振奮人心，增強台灣知識界為中華文化傳承的努力，促進自由主義的發展。[36]

寫〈憶胡適之〉的時候，張愛玲知道胡適找到了那塊黏腳的土地。無論外界如何負面批評胡適，對張愛玲來說，「不完美的」胡適在民主政治和中華文化發展史上是座打不倒、敲不碎的「古銅半身像」。

---

36 台大校長傅斯年於一九五〇年十二月廿日過世。廿六日行政院長陳誠來電請胡適返台任台大校長。電文有句：「為該校三千餘師生及全台百餘萬青年學生計」。明明是一個大學校長職位，竟言及「全台百餘萬青年學生」，可見胡適在台灣的聲望。見一九五〇年十二月廿八日日記，《胡適日記全集》第八冊，頁五五〇。

胡適的宗教信仰

〈胡適與張愛玲的初晤〉補遺

一

張愛玲〈憶胡適之〉提到胡適留美初期參與基督教活動。也許因為知道自己缺乏對胡適宗教信仰的全面瞭解，該文點到即止，沒有多所著墨。張愛玲文學對此話題的發言也就到此為止。我在〈胡適與張愛玲的初晤——「憶胡適之」的一種讀法〉以此為切入點，大致追蹤了胡適日記裡的宗教經驗，以便看清張愛玲人文知識的部分周界。我希望張愛玲涉獵不深的區塊或許正巧是一些讀者興趣之所在。

本文撿拾並略作析釋〈初晤〉未及回顧的幾筆與宗教有關的日記資料，以求閱讀之完整或近於完整。我完全無意鼓吹胡適的宗教信仰。我相信宗教經驗與人文思維（哲學、歷史、文學、時評、政論等等）相關。經驗與信仰相通，宗教信仰與人文思維互為表裡。善用那些聯繫的前提，必需是對他一生筆墨，尤其是日記，仔細爬梳。

我用二〇一八年九月台北聯經出版公司二版十冊本《胡適日記全集》。冊數與頁碼都放在引文的圓括號內。

二

胡適的宗教信仰不是隱私。一九一七年十二月十日，韋蓮司的母親致信胡適，為他未能信奉基督教大表遺憾。信中坦言：「你回中國而沒有成為一個基督徒，對我來說是很難過的一件事。」基督教是胡適與韋母經常討論的一個話題。[1]

某些美國友人甚至可以就此開個玩笑。胡適自己也覺得有趣。舉兩個例子。

第一個例子記於一九三八年五月廿七日日記。一九二二至一九二五年間，北京協和醫校的幾位醫生發起一個晚餐會，包括胡適在內，共有九人參加。發起人之一，安德森醫生（Dr. Bert G. Anderson），曾經在中國某處（大概是臥佛寺之會）聽到胡適自稱是無神主義者，之後為了想多聽胡適的宗教論述，發起晚餐會，並邀請胡適去主持討論。安德森醫生：「是瑞典人子孫，家世奉宗教甚篤，三十年不能打破，那天聽我說話，使他的思想起大變化。以後他發起晚餐會，也是為要我主持討論。」

安德森和為胡適治牙「不下二十多次」的富尼耶醫生（Dr. Fournier）：「都是牙醫，少年同學，又同在戰場，故極相好。」一九三八年五月廿七日，安德森和富尼耶一同到美國紐約市旅館與胡適見面，並一起去吃中國飯，「直談到夜深始散」。富尼耶醫生也是胡適的讀者：

> Fournier〔富尼耶〕買了一本 *Living Philosophies*〔生活哲學〕，看了我的〈自述〉。我對他說：「你救了我的牙齒，可丟了你自己的靈魂！你太吃虧了！」他大笑。他是家世

1 周質平，《胡適的美國情緣》（香港：中華書局〔香港〕，二〇一九），頁九四—九五。

奉天主教的，如今被我帶上無神的路，豈不是丟了他的靈魂！

今天他帶了那本*LP*〔生活哲學〕來，要我題字，我寫的是：“You have saved my teeth, but I have saved your soul.〔你救了我的牙齒，但我救了你的靈魂。〕”他們大笑。（第七冊，頁五五〇—五五一）

這裡〈自述〉大概指胡適英文自傳“What I believe”，原刊於美國論壇雜誌（*Forum*），一九三一年一月、二月號「生活哲學」（Living Philosophies）專欄。富尼耶買的或許是專為那個專欄文章出版的單行本。

第二個例子見一九四〇年三月六日日記。那天離開朋友家，臨上飛機之前，送行的主人說了句玩笑話：「送一個無神論者飛上天去，是一件新奇可喜的事。」（第八冊，頁三〇）這可能意味著從傳統宗教信仰者（特別是基督徒）的角度來看，無神論者通常無法上天堂。胡適大概覺得幽默，就記在當天的日記裡。

胡適曾經私下自嘲這種宗教立場造成的諷刺。一九三九年六月五日，想到次日將接受哥倫比亞大學法學博士名譽學位：「我居然和『救世軍』的領袖同日得學位，未免有點滑稽。」（第七冊，頁六五五八）

三

〈初晤〉引用了一九三六年一月八日胡適致周作人的信。該信的背景值得一提。一九三五年年底至次年年初，北平幾所大學的學生不滿政府對內憂外患的處理，發生罷課抗議風暴。一九三六年一月四日胡適日記：「晚七時，各大學校長會議，始知清華、平大、師大、東北、均無人上課。議決，各校個別行動，北大復課，清華、師大、東北，六日起提早放假。」北大復課績效有限，很快就在七日宣佈，自次日起提前放寒假。當天周作人為了丁在君過世，以及報載北大學潮新聞，特地寫信給胡適，勸他「不談或少管」國事，以及社會、學生諸方面的問題，最好「專門講學論學」。

胡適於八日收到信。隔天（九日）答覆（第七冊，頁三〇二—三二二）。回函稱自己信仰為：「一個人的宗教」。這個個人宗教的兩個重點在其他文獻可以找到類似表述。在這樁案例裡，重複顯示誠摯。

重點之一：「我是一個『好事者』；我相信『多事總比少事好，有為總比無為好』；我相信種瓜總可以得瓜，種豆總可以得豆，但不下種必不會有收穫。收穫不必在我，而耕種應該是我們的責任。這種信仰已成一種宗教——個人的宗教，——雖然有時也信道不堅，守道不篤，也想嘲笑自己，『何苦乃爾！』但不久又終捨棄此種休假態度，回到我所謂『努力』的路上。」[2]

類似「種瓜得瓜」、「收穫不必在我」的表述早於一九二八年三月六日致吳稚暉信已經出現：「然而我終不忍不作一點『好夢』。我深信有一分努力，終有一分半分效果，也許有五分十分的效果。『白吃辛苦』不算什麼；我們自己看得見與看不見收穫，也不算什麼。」[3]

重點之二：「生平自稱為『多神信徒』，我的神龕裡，有三位大神，一位是孔仲尼，取其『知其不可而為之』；一次是王介甫，取其『但能一切捨，管取佛歡喜』；一位是張江陵，取其『願以其身為蓐薦，使人寢處其上，溲溺垢穢之，吾無間焉，有欲割取吾耳鼻者，吾亦歡喜施與』。嗜好已深，明知老莊之旨亦自有道理，終不願以彼見此。」

與這個重點類似的表述有兩種不同部分的重疊。第一種重疊：在人間認證自己極為崇敬的人，視其高度如神明一般。一九四〇年二月十一日，在飯局上告訴美國總統威爾遜夫人（Mrs. Woodrow Wilson）：「I am a "polytheist": I worship many gods. Your great husband is one of my god[s].（我是一個「多神論者」：我崇拜許多神。你那了不起的丈夫是我的眾神之一。）」（第八冊，頁二一）此非為了應酬而做的恭維。胡適留學期間就佩服威爾遜總統的政治理念。一九一四年「留學日記」，七月十二日兩則（〈威爾遜與羅斯福演說之大旨〉以及〈威爾遜〉），十二月九日一則（〈節錄「威爾遜訓詞」〉），都記錄自己支持美國威爾遜總統（一八五六－一九二四）的政治理念（第一冊，頁二一二－一三、四〇三－四〇五，五五八－六一）。

然而胡適對美國參與世界各地糾紛的期待，曾因中國的需要而改變。那個改變影響到他對威爾遜的評價。一九四五年四月十六日胡適致韋蓮司信：「羅斯福總統去世以後，留下了一個空缺，任何人都很不容易填補上這個空缺。從許多方面來看，他比威爾遜總統做的更好，而威爾遜是你我都很崇敬的。羅斯福有一種個人的魅力，這似乎是威爾遜所欠缺的。有一天，我會告訴你，中國在長期戰爭最困難的時刻，羅斯福為中國做了甚麼。」[4] 但胡適沒有忘記或完全否定自己對威爾遜的認可。

第二種重疊：捨己為人，在所不惜。類似表述見一九三〇年四月卅日致楊杏佛信：

> 我受了十餘年的罵，從來不怨恨罵我的人。有時他們罵的不中肯，我反替他們著急。有時他們罵的太過火了，反損罵者自己的人格，我更替他們不安。如果罵我而使罵者有益，便是我間接予他有恩了，我自然很情願挨罵。如果有人說，吃胡適一塊肉可以延壽一年半年，我也一定情願自己割下送給他，並且祝福他。

此是說明我對此等事的態度。至於朋友的指摘，更是我所歡迎。[5]

2 《胡適來往書信選》中冊，頁二九六。
3 《胡適來往書信選》上冊（香港：中華書局〔香港分局〕，一九八三），頁四七二。
4 胡適撰，周質平編譯，《不思量自難忘：胡適給韋蓮司的信》（台北：聯經，一九九九），頁二五二—五三。亦見周質平，《胡適的美國情緣》，頁一五五。

胡適晚年，一九六二年一月十七日，私下提到楊杏佛事件，足以解釋當初寫前引那封信的原因：

有一天，楊杏佛在一個中央什麼會上大罵我。楊杏佛是我的學生。隔了幾天，蔡先生帶楊杏佛到我家來道歉。我告訴他們：「《西遊記》的第八十一難，我覺得原文寫得太寒傖了。我想把它改寫過。唐僧取經回來，還少一難。他出去時，在路上被他的三個弟子打死的許多冤魂冤鬼，這時都來報仇了，唐僧承願捨身，把他的肉一塊一塊的割下來餵給一班冤魂冤鬼。他們吃了唐僧的一塊肉，可以增長一千歲。我來捨身，使他們可以超生，可以報帳。」[6]

那句話，「吃胡適一塊肉可以延壽一年半年」，延伸《西遊記》的想像。在三藏取經途中，江湖盛傳吃唐僧一塊肉，「長壽長生」，「延生長壽，與天地同休」，前後引起很多妖魔攻擊：屍魔白骨夫人、聖嬰大王紅孩兒、黑水河鼉龍、通天河金魚怪、金兜山金兜洞獨角兕大王、盤絲洞蜘蛛精、獅駝嶺獅駝洞三個大王、隱霧山折岳連環洞豹子精，等等。胡適借用這個經典寓言，取其凶狠，連綿不絕，以及捨身取義的意思。

胡適晚年反省自己的「八十一難」延伸意義，覺得可能引起誤解：

我的〈八十一難〉是一篇玩世的試作，原不是準備附印在舊本之後的。我最賞識《西遊記》的詼諧風趣、⋯⋯這是中共罵我的一點，——所以我寫〈八十一難〉時，原想寫一篇詼諧文字開開那些「要吃胡適之的肉的人們」玩笑。不料我寫下去態度變嚴肅了，竟寫成了一篇宣傳「無量慈」的傳教文字！所以你的重印本不附錄此篇最好。[7]

四

胡適曾明確指出信教過度的危險。舉兩個例子。

其一，佛教曾是來自印度的精神上的鴉片。一九二七年一月廿五日：與友人談「何以中國這一二百年中的進步遠不如西洋之大？」，胡適提出三點：

1. 中華帝國沒有競爭的必要；
2. 「鴉片之為害。中國吃了印度的兩種麻醉劑：先吃了一服精神上的鴉片——佛教；

---

5 《胡適來往書信選》中冊，頁一一一一一二。
6 胡頌平編著，《胡適之先生晚年談話錄》（台北：聯經，一九八四），頁二八九。
7 胡頌平編著，《胡適之先生年譜長編初稿・補編》增補版，第九冊，頁三七八九。

後吃了一種物質上的麻醉劑——鴉片。三百多年之中，鴉片把中國變成了一個病夫國。」

3.「十九世紀中葉的洪楊之亂毀了國中最富庶、最有文化的幾省。」（第四冊，頁六二六）

其二，篤信基督教，可能會誤導，令人武斷。一九三七年七月廿二日日記，胡適講自己很肯定的湖南財政廳長尹任先：

他（尹任先）近年篤信基督教，夫婦均自以為『得救了』。今天我們談了幾個鐘頭，頗覺其篤行可敬亦可憐。我對他說：切不可把我們自己知識經驗得來的見解認作『上帝意志』，人的見解是可以有錯的，可以修正的；變作了神意，就有武斷的危險。

此與戴震說的認意見為天理同一危險。（第七冊，頁四二一）

五

〈初晤〉討論了胡適對宗教傳教士的幾個不同的態度。他特別嫌惡咄咄逼人的基督教傳教士。現在我們可以回顧更多示例，以便理解他對傳教士態度的錯綜複雜性質。

胡適並不否定所有的傳教士。一九二六年十二月十四日日記，在英國：「下午Dr. Angald Christie〔安格爾德・克里斯蒂博士〕來談。他是奉天醫科專門學校的創始人，雖是傳教士，而極可愛敬。」（第四冊，頁五九四）一九三三年十二月廿三日日記，「下午去看John Haylo〔約翰・海洛〕，他是一個教會牧師，熱心可愛。」（第六冊，頁七三〇）

胡適希望與宗教機構保持距離。一九三九年三月五日：「Wesleyan Univ.（Middletown, Conn.）〔衛斯理大學（康涅狄格州，米德爾敦市）〕校長來信，說大學董事會決定要於六月十八給我一個學位，我因那學校是Methodist〔衛理公會〕教會辦的，故不願受他們的學位，托故（實在也因為六月十八我已答應Cornell〔康奈爾大學〕同年「回校」）辭了。」（第七冊，頁六二九）有些傳教士確實持續引起反感。一九三六年八月七日，在美國應邀參加一個會議，發現主辦單位宗教色彩濃厚，「其中領袖頗多宗教家，我頗悔此行。」（第七冊，頁三四七）

六

胡適深知宗教通常回答甚至解決死亡的問題。他發現蘇格拉底臨死，竟想取悅和求救於醫神。頗不齒之。一九二六年十二月廿日日記：「依Burnet〔伯內特〕的說法，是Socrates〔蘇格拉底〕臨死時許願，以一隻雞獻A神，希冀甦醒來時無恙。此說似有理。然一個絕代好漢，到頭來這樣露出小家相來，未免煞風景！時代影響之深入人心如此！」（第四冊，頁六〇〇）這裡「A」指Asclepius，阿斯克勒庇俄斯，是古希臘宗教和神話中的醫學之神。

一九二六年十二月廿二日胡適與《宗教》（*Religion*）作者狄金森（G. Loues Dickinson）談死亡。胡適說自己全不愁死後靈魂滅盡：「即使我深信死後全歸於盡，我決不介意；我只深信一生所作為總留下永永不滅的痕跡：善亦不朽，惡亦不朽。」（第四冊，頁六〇二）這與他晚年所說的「社會宗教」概念直接相關。社會宗教的意思是：「我們的行為，一言一動，均應向社會負責，這便是社會的宗教，社會的不朽⋯⋯我們千萬不要叫我們的行為在社會上發生壞的影響，因為即使我們死了，我們留下的壞的影響仍是永久存在的。『我們要一出言不敢忘社會的影響，一舉步不敢忘社會的影響』。即使我們在社會上留一白點，但我們也絕對不能留一汙點，社會即是我們的上帝，我們的制裁者。」[8]

七

胡適認為韓國國情不同，對基督教產生很強的依賴性，可以理解。一九三八年六月四日日記：「朝鮮的基督教運動實在是民族主義的唯一托庇所，故不可責備。」（第七冊，頁五五三）

胡適認為佛教在中國已經逐步式微。一九二八年四月八日遊廬山海會寺：「刺血寫經是一種下流的求福心理。但我們試回想中古時代佛教信徒捨身焚身的瘋狂的心理，便知刺血寫經已是中古宗教的末路了。莊嚴偉大的寺廟已僅存破屋草庵了；深山勝地的名剎已變作上海租借馬路上的『下院』了；馬祖臨濟的子孫已剩得幾個酒肉和尚了；憨山蓮池的中興事業也只是空費了一番手足，終不能挽救已成的敗局。佛教在中國只剩得一隻破碗，若干飯桶。中古宗教是過去的了。」（第五冊，頁三六－三七）但胡適晚年親眼目睹台灣各種人間宗教盛行。一九五九年一月七日演講，有句話：「現在在台灣宗教很發達，有人信最高的神，有人信很多的神，許多人為了找安慰都走上宗教的道路。」同年三月十六日刊於台北《自由中國》的〈自由與容忍〉，也承認：「我自己總覺得，這個國家、這個社會、這個世界、絕大多數人是信神的」。[9]其中當然包括多神的佛教在內。佛教並未如他預期在華人社會走到末路。

胡適拒絕接受基督教上帝全知全能的概念，相信個人努力可以改善個體和群體的命運。一九三八年七月十五日日記：

> 1. 我根本反對 Oxford Group〔牛津集團〕的運動，因為其主旨是說「上帝總有一個安排」（God always has a plan）。我是無神論者，絕不能認此意可成立。即如今日中國之被

---

8 胡頌平編著，《胡適之先生年譜長編初稿．補編》增補版，第八冊，頁二八〇一。

9 同前註，頁二八〇一、二八五五。

摧殘屠殺，豈可說是上帝有安排！如上帝真有安排，我們應該認上帝為負屠殺摧殘中國之責任的人了，我們就應該痛恨上帝了。

2. 我不承認基督教運動在中國新運動中佔多大勢力。蔣介石先生確有宗教信心，但宋家一群男女的基督教義不過是皮毛而已。不但現在，即在將來，基督教運動在中國實無發展可能。今日中國確有一個新宗教，其名為「民族主義」；其次則共產黨的信仰亦可說是一個宗教。

3. 至於他談話中說的日本人亦有Oxford Group信徒，可為和平基礎，此說更不可信。日本人的宗教，無論掛何招牌，其實只是一個忠君愛國的國教。其他宗教都莫妄想侵入！」（第七冊，頁五七一－七二）

一九三〇年八月五日，與「丹麥種，有北歐民族的宗教信心」的一個學生談宗教：「他問我，真不信這宇宙有目的嗎？我反問他，有什麼事實可使我信這宇宙有目的？歐洲大戰是否上帝意旨？蔣介石作戰是否上帝意旨？他說，那都是人的愚昧所致。我說，然則救世之道不在祈禱上帝，乃在改善提高人的智慧呵！」（第六冊，頁二一九）

八

胡適雖然是無神論者，但始終視宗教為人文學術研究的重要領域。一九二六至一九二七年在法國與英國博物館看敦煌的佛教卷子（第四冊）。胡適過世前一年（一九六一）仍在從事佛教（以及《紅樓夢》）研究。一月十五日致日本學者柳田聖山長信詳記自己的禪宗研究史的綱要。[10] 七月份為道安和尚寫〈影印續藏經緣起〉，留下未完成的三段殘稿。足見他樂見佛教研究在台灣的發展。[11] 其他還有多篇佛教研究的短文和筆記。

一九二八年十月十八日日記詳考道教《參同契》的年代。（第五冊，頁三六五—三六九）胡適同意道教（至少全真道教）起源於外來宗教（佛教）入侵時，意在保護中國本土文化。一九三七年二月廿日：「讀陳銘珪《全真道教源流考》八卷，此書是很好的一部研究，雖然作者是道教徒，但他的見解大體不壞。全真道教的興起，含有保存人民文化的意義，元好問、姚燧諸人都能明瞭此意義。故金元道教史應作為金元史的一個大題目。」（第七冊，頁三八五）

胡適不看重道教文獻內容，但肯定道教在歷史上的兩種貢獻。其一，建立本土宗教信

10 胡頌平編著，《胡適之先生年譜長編初稿．補編》增補版，第一〇冊，頁三四四〇—四五三。

11 同前註，頁三六八〇—六八五。

仰，抗拒外來宗教（佛教）。其二，在元朝消滅宋朝的時候，作為許多宋朝遺民的避風港。一九五九年五月十三日對嗣漢第六十三代的張天師說：「我國的道教，乃是提倡國貨，抵制外貨，——所謂外貨，是指佛教說的，道教在北宋、南宋亡國時，都曾保護了好多萬人的生命。金朝的王國也是如此的，當元朝的軍隊到了一地，如果全部投降了，自然沒有事；稍加抵抗之後投降的，元朝就要屠城的。那時只有銅鐵匠、木匠、做裁縫的不殺，和尚、道士也不殺，於是許多士大夫都逃到道教裡去，因為不須剃髮。當元朝的成吉思汗還在西比利亞的時候，就請邱長春去見他。邱長春走了一萬多里的路程去了。邱長春保護了不少的人。在十二、十三、十四世紀裡，道教的確出了不少有氣魄的人。明末清初的有名的和尚，都是為了政治逃入宗教裡去的。陳垣著的《南宋初河北新道教考》這本書是值得印的。這本書裡說那時的全真教、大道教、太一教的源流很詳細，他收到很多碑版的資料，文章也很清楚，這書中說的王喆（重陽）、邱處機（長春）等人的行誼，可以叫人知道道教是有民族思想的。⋯（略）⋯道教大部分的書都是關起門來粗製濫造的。⋯（略）⋯我是看過全部《道藏》的人。我不勸你們看，這些書是不值得保存的。金元時代的士大夫看得起道教，因為外族奮鬥時道教有用處。」[12]

一九三九年七月五日日記：「我雖不是基督徒，但我很希望有學者多人出來做重譯《新舊約》的大事業。」（第七冊，頁六七二）

胡適日記沒談回教文獻。講到廣西桂系的時候，提到白崇禧的回教宗教信仰，但是沒有像評估佛教那樣去討論回教在中國歷史上所扮演的角色，也沒有像應付基督徒那樣去表達自己對回教徒的好惡。胡適的回教態度，僅就日記而言，並不很清楚，只能依靠他的一般宗教態度去理解。

九

宗教信仰是個人的事。干卿何事？但如果胡適的宏觀論述值得討論，他的宗教信仰就值得注意，因為他的宗教經驗和宏觀思維互為表裡。小我與大我相通，意義之一，在於那些宏觀論述的真摯。

這不是說我們必須完全信從胡適的哲論、史論、或文論等等。這是說無論是否同意，我們先得建立適切的瞭解。那個瞭解的先決條件之一，就是掌握胡適的宗教經驗。〈初晤〉討論過的〈中國思想史綱要〉，是小我（個人宗教經驗）與大我（宏觀歷史論述）密切相關的例子。一九六〇年七月十日胡適發表英文演說〈中國的傳統與將來〉。同年十一月八日，胡適私下表示這個英文演講稿別人未經許可就中譯並發表，譯文錯誤多，「這麼多的錯誤，都是無從更正起。」[12] 但今日讀那篇中譯，我們可以清楚地看到胡適利用民族宗教經驗來解釋幾

12 胡頌平編著，《胡適之先生年譜長編初稿．補編》增補版，第八冊，頁二八九九—九〇〇。

個中國歷史轉折的做法。[13]

胡適個人宗教經驗也是一九五九年〈容忍與自由〉的基礎。胡適的宗教經驗幫助他支持「容忍比自由還更重要」的概念。〈容忍和自由〉說自己是無神論者，但「能夠容忍一切信仰有神的宗教」。胡適闡述容忍的重要性如下：

> 這是宗教自由史給我們的教訓：容忍是一切自由的根本；沒有容忍「異己」的雅量，就不會承認「異己」的宗教信仰可以享受自由。但因為不容忍的態度是基於「我們的信念不會錯」的心理習慣，所以容忍「異己」是最難得、最不容易養成的雅量。[14]

胡適認為那個概念，「容忍比自由還更重要」，可以應用於宗教、政治、和社會的領域。毋庸置疑，這是胡適思想的核心價值之一，而其發源和延伸邏輯，都借助於個人宗教經驗。我們掌握胡適宗教經驗的漫長歷史，就知〈容忍與自由〉確是肺腑之言。

---

13 胡頌平編著，《胡適之先生年譜長編初稿・補編》增補版，第九冊，頁三三一五―三一六、三三五八―三三五九。

14 胡頌平編著，《胡適之先生年譜長編初稿・補編》增補版，第八冊，頁二八五七。

赫貞江畔的胡適和張愛玲

一

張愛玲散文〈憶胡適之〉繪製了一幅圖畫：張愛玲跟著胡適望著赫貞江微笑。在這段文字中，「江」和「河」兩字互通：

我送到大門外，在台階上站著說話。天冷，風大，隔著條街從赫貞江上吹來。適之先生望著街口露出的一角空濛的灰色河面，河上有霧，不知道怎麼笑瞇瞇的老是望著，看怔住了。他圍巾裹得嚴嚴的，脖子縮在半舊的黑大衣裡，厚實的肩背，頭臉相當大，整個凝成一座古銅半身像。我忽然一陣凜然，想著：原來是真像人家說的那樣。而我向來相信凡是偶像都有「黏土腳」，否則就站不住，不可信。我出來沒穿大衣，裡面暖氣太熱，只穿著件大挖領的夏衣，倒也一點都不冷，站久了只覺得風颼颼的。我也跟著向河上望過去微笑著，可是彷彿有一陣悲風，隔著十萬八千里從時代的深處吹出來，吹得眼睛都睜不開。那是我最後一次看見適之先生。

這個勾勒可以有不同的解讀。其中之一是：「有為者亦若是」，張愛玲希望自己最終會像胡適那樣，在紐約市暫時棲身，將來在異鄉（美國）或故鄉（大陸或台灣）的土地上，成為有「黏土腳」的偶像。

無論如何闡釋，問題皆同：張愛玲當時不可能瞭解赫貞江於自己和胡適個別的特殊意義。

二

一九六八年一月張愛玲完成〈憶胡適之〉的時候，人在美國麻州劍橋，領取賴氏女子學院研究所的獎金從事英譯《海上花列傳》的工作。這是〈憶胡適之〉後段，由「直到去年我想譯《海上花》」那句話開始，暢談這部中國經典小說的背景。

相關的張愛玲行止資料曾經頗為混亂。一九九六年三月皇冠文學出版有限公司《華麗與蒼涼：張愛玲紀念文集》的附錄，「張愛玲年表」，說一九六七年：「獲邀任美國紐約雷德克里芙學校駐校作家」（頁二九二）。州名和職稱都錯。二〇二〇年九月《皇冠雜誌》「張愛玲傳奇一百年」紀念特輯所收〈張愛玲軌跡大事記〉就完全不列張愛玲在美國的三份算是正式的工作。這個更正當然可以理解。不過從作家傳記的角度而言，張愛玲在美國謀職，努力自給自足，無論成敗，是難以忽視的經歷。

一九六七年三月十五日張愛玲致宋淇信，談到這份翻譯的差事：「七月開始，要住在Cambridge〔劍橋〕，一年為期，或者可以再續一年。這是給家庭婦女的part-time〔兼職〕工作，所以只好又拖著Ferd〔賴雅〕同去。」[1]地點是麻州劍橋，不是紐約州。是份翻譯工作，不是住校作家。兼職，所以薪資大概有限。

在麻州劍橋的工作之前，一九六六年九月至一九六七年四月張愛玲在俄州牛津的邁阿密大學做駐校作家。一九六六年九月十七日抵達俄州牛津。十月八日致莊信正信：「上月十七日搬到這裡來」。[2]一九六七年四月十八日張愛玲離開俄州，有去紐約市或附近城市的特殊理由。一九六七年三月十五日致宋淇信：「我下月十五日離開這裡，想在紐約（或者附近）住兩個月，因為積下許多零碎事，如濕氣照X光可以治好七年，一般醫生不肯，吃Griseofulvin〔灰黴素〕又貴又不靈，不吃又更壞。」四月十日致宋淇信提到行程，延到十七日走：「十七日走」。出城日期有另一個不同數據。四月廿八日致莊信正信：「我十八日離開Ohio〔俄州〕」。[3]我以後者為準。在紐約住在一家旅館的小公寓裡。一九六七年四月廿七日致鄺文美、宋淇信：「好容易找到這旅館裡的小公寓，預備住到六月底」。我無法確認是紐約州哪個城市。七月二日離開紐約去麻州劍橋。一九六七年六月卅日致鄺文美、宋淇信：「我後天離開紐約」。

兩份工作之間有個空檔：一九六七年從四月十八日到七月一日，住在紐約。司馬新《張愛玲與賴雅》不知道有這個空檔，所以說：「一九六七年四月，她帶著丈夫悄悄離開了邁阿密大學前赴康橋，沒有向任何人告別。」[4]

這個紐約的短暫停留與〈憶胡適之〉的閱讀有關，因為張愛玲寫〈憶胡適之〉的時候，並不知道自己不會再回到紐約州了。

紐約市確曾是張愛玲到美國打天下的起點。一九五五年十月底張愛玲離港赴美，原來以為在紐約市已有安排妥當的工作。但那個工作在她抵達之前已告吹。次年三月十三日到新州彼得堡的麥道偉文藝營報到，所以在紐約市第一次逗留的時段不長。雖然與賴雅婚後曾有不愉快的紐約旅遊經驗，張愛玲仍想在紐約市定居。一九六二年二月十日張愛玲在香港致信賴雅：「請別到紐約接我。我一向說沒興趣旅遊紐約，只想去那裡居住。特別是現在，如果你要讓我開心而去享遊，我會心痛於每分錢的花費。」，「明年一轉運，我們一起遷居紐約。」廿日信：「為什麼一星期沒寫信給我？該不是為了紐約行程惱怒（還記得一九五七然後一九五八年，那恐怖的一兩天旅遊經驗嗎？）」。[5]我查不到「那恐怖的一兩天旅遊經驗」是怎麼回事。

一九六九年七月一日，張愛玲結束麻州劍橋的羈泊，直奔美西，去加州大學柏克萊分校中國研究中心工作。一九六九年六月廿四日張愛玲致宋淇信：「我下月一日走」。交通工具（搭

1　張愛玲、宋淇、宋鄺文美，《紙短情長：張愛玲往來書信集・I》、《書不盡言：張愛玲往來書信集・II》。本文引用張愛玲和宋淇書信，如非特別點明，都出自這兩本書。由日期查原文非常方便，不另加註。我沿用該書編排方式，為方便讀者，在書信裡的英文之後添上中譯，標以〔〕。有些中譯直接取自該書，有些是補遺或修訂。

2　莊信正，《張愛玲來信箋註》，頁一四。

3　同前註，頁二四。

4　司馬新，《張愛玲與賴雅》，頁一七〇。

5　高全之，《張愛玲學》增訂二版，頁三九六、三九九。

飛機或客車）不清楚。抵達加州後，同年七月十七日致鄺文美、宋淇信：「搬來兩個星期」。從此再也沒有回美東。所以在赴麻州劍橋之前的紐約短期停留，其實是她在紐約州的最後盤桓。我曾在〈胡適與張愛玲的初晤──「憶胡適之」的一種讀法〉指出：〈憶胡適之〉把胡適與張愛玲的初晤寫成訣別。〈憶胡適之〉悼祭胡適之餘，作者傻乎乎的，「我也跟著向河上望過去微笑著」。就張愛玲而言，赫貞江的象徵意義即紐約市。在那瞬間，張愛玲記得自己曾予紐約市寄以厚望，想像自己將來會像胡適那樣懷念那個地方。然而這個遙望與微笑的文學意義是：無心插柳柳成蔭，在麻州撰寫該文，正式向紐約市告別。

我把這幾年的張愛玲行程歸納到圖10.1。

歪打正著，〈憶胡適之〉真正的訣別是張愛玲和紐約市之間的關係。

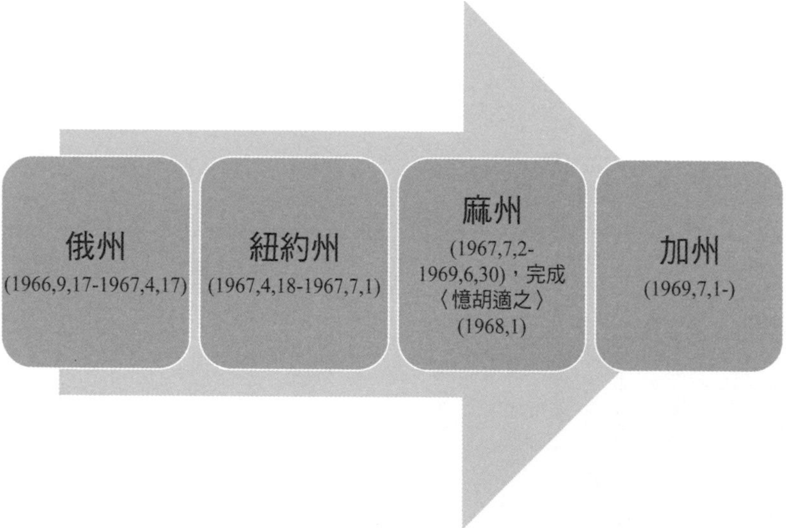

圖10.1　張愛玲行程表

三

一九六八年一月張愛玲完成〈憶胡適之〉的時候，不可能瞭解赫貞江於胡適的意義。這只是根據胡適研究的情況而言，並非貶低張愛玲的意思。與赫貞江相關的胡適研究，得等到約三十年後，一九九八年周質平《胡適與韋蓮司》問世，我們才開始初步並且系統性地懂得赫貞江在胡適情愛糾葛領域所扮演的角色。[6]舉個例子。一九三三年，白話文運動的指標性文章，胡適〈逼上梁山〉，解釋一九一六年憑窗遠望赫貞江，寫下《嘗試集》所收第一首白話詩〈朋友〉。我們現在知道那原是韋蓮司在紐約的住宅，韋蓮司遷居娘家之後，胡適和一個朋友續租。所以〈朋友〉是首與赫貞江有關的情詩。[7]

那首詩最早出現於一九一六年八月廿三日日記，題為：〈窗上有所見口占〉。[8]但該詩並非赫貞江在胡適文獻裡出現的首例。一九一五年二月十四日〈紐約旅行記〉，胡適往訪韋蓮司，兩人：「循赫貞河濱行……幾忘身在紐約塵日落中矣」。一九一六年七月十六日日記〈移居〉，解釋胡適搬進韋蓮司舊居的緣由：「予旅行歸，即遷入新居。新居在92 Haven Ave〔海

6 周質平，《胡適與韋蓮司》（台北：聯經，二〇二〇，二版）。初版是一九九八年。
7 周質平，《胡適與韋蓮司》，頁三二—三三；《胡適的美國情緣》，頁四八—四九。
8 《胡適日記全集》第二冊（台北：聯經，二〇一八，二版），頁四〇三。

文街九二號〕，本韋女士舊寓。女士夏間歸綺色佳，依其家人，故余得賃其寓：居室所處地甚高，可望見赫貞河，風景絕可愛。」[9]胡適最早於七月九日已遷入。當天胡適致韋蓮司信——第一封發自海文街九二號的信——立即提到此江：「美麗的江景當前」。同月十九日信再說：「帶著〔赫貞〕江清晨的豔麗，寄上我誠摯的祝福。」[10]

我們要注意兩個涵蓋範圍的問題。首先是涉案人的認證。根據周質平的研究，我們知道胡適婚外異國戀情除了韋蓮司（Edith Clifford Williams）之外還有羅維茲（Roberta Lowitz）。證據確鑿，毋庸置疑。但是除非有更可靠的資訊，我們不必無限上綱，把護士哈特曼（Mrs. V. D. Hartman）也扯進去。胡哈似乎是患者和護理人員的對應。一九三八年底胡適因心臟病住院，次年二月廿日出院，護士哈特曼長期照顧，直到三月十三日為止。當天日記說：「看護 Mrs. Virginia Hartman〔哈特曼太太〕今天回 New York〔紐約〕去。她自從十二月六日看護我，到今天凡九十七天，待我最忠愛，我很得她的好處。今天下午她走了，我很覺得寂寞。」[11]其次是涉案地域的延伸。胡適有意以赫貞江為自己美國生涯的重要象徵地標。就象徵地標涵蓋範圍而言，胡適的大於張愛玲的：後者僅限於紐約市，前者至少應該包括紐約市和綺色佳兩地。前文提到，胡適在紐約市望江思念在綺色佳的韋蓮司，撰詩〈朋友〉。除此之外，更重要的理由在於：胡韋戀情在綺色佳發生突破性的進展。周質平明確指出：「一九三三年九月的兩次重逢，在胡適與韋蓮司的關係上是個里程碑。」兩次重逢的地點都是綺色佳韋家。

說白了，緊接著那兩次重逢之後的書信，提供了男女異性肉體關係直接或近於直接的描述。一九三三年九月十三日韋蓮司致胡適信上有句：「我整好了我們那個小得可憐的床」，「我想念你的身體」。一九三三年九月廿七日韋蓮司致胡適信：「胡適——你是不是更喜歡那個幻象中的女子呢？她也許很美妙，但她畢竟是我，那個胸部扁平而又不善於持家的我，那個頭腦不清而又不得體的我，是這個我觸摸了你的身體和眼睛。我簡直不能相信，你竟愛上了這麼一個可憐的東西，然而，你的愛卻裹住了我。」[12]胡適晚年說韋蓮司比自己大九歲。[13]

我們無需違反地理現狀去強詞奪理，指稱這條自北而南、長達三百一十五英里的赫貞江直接貫穿綺色佳和紐約市。我們僅只建議在胡適私人戀愛經驗的象徵意義上，此江兼顧北南兩地，未曾局限於一域。此種理解幫助我們讀詩。

赫貞河幾度引起胡適詩意。日記裡最早的一首是英文詩。一九一五年「留學日記」，卷十，〈夜過紐約港（七月）〉：

余於二月中自紐約歸，夜渡赫貞河，出紐約港，天雨昏黑，惟見高屋電燈隱現空際。

---

9 同前註，頁三六六。
10 胡適撰，周質平編譯，《不思量自難忘》，頁一〇四、一〇七。
11 《胡適日記全集》第七冊（台北：聯經，二〇一八，二版），頁六三三。
12 周質平，《胡適與韋蓮司》，頁九七，一〇〇；《胡適的美國情緣》，頁一〇七—一五。
13 胡頌平編著，《胡適之先生年譜長編初稿・補編》增補版，第九冊，頁三四一三。

余欲觀自由神像於此黑暗之中作何狀，遍覓乃不可見。已而舟轉向車站，遙見水上眾光圍繞，其上一光獨最高亦最明。同行者指謂余曰：『此自由也。』余感歎此語，以為大有詩意，久擬為作一詩記之，而卒不果。後舉以告所知，亦皆謂可以入詩，遂作一章。屢經刪改，乃得下稿，殊未能佳。

CROSSING THE HARBOR

As on the deck half-sheltered from the rain
We listen to the wintry wind's wild roars,
And hear the slow waves beat
Against the metropolic shores;
And as we search the stars of Earth
Which shine so staringly
Against the vast, dark firmament,–
There–
Pedestalled upon a sphere of radiancy,
One Light stands forth preeminent.
And my comrade（聯經誤為一字，mycomrade）whispers to me,

"There is 'Liberty'!"[14]

（以下是我的中譯）

〈橫渡海港〉

在半遮雨的甲板上
我們聆聽冬風狂野的咆哮，
海浪慢慢的
拍打著大都市的海岸；

我們搜尋夜空
星星目不轉睛地盯著地球
浩瀚黑暗的蒼穹，
就在那兒——
座落在個光球上，

14《胡適日記全集》第二冊，頁一五九—六二。

一盞燈脫穎而出。
同伴對我耳語，
「那是自由女神像！」

胡適後來改稱赫貞「河」為「江」。寫了兩首中文詩作。第一首見一九一七年「留學日記」，卷十五，〈「赫貞旦」答叔永（二月十九日）〉：

「赫貞旦」如何？聽我告訴你。
昨日我起時，東方日初起，
返照到天西，彩霞美無比。
赫貞平似鏡，紅雲滿江底。
江西山低小，倒影入江紫。
朝霞都散了，剩有青天好。
江中水更藍，要與天爭姣。
誰說海鷗閒，水凍捉魚難，
日日寒江上，飛去又飛還。
何如我閒散，開窗面江岸。

清茶勝似酒，麵包充早飯。
老任倘能來，和你分一半。
更可同作詩，重詠「赫貞旦」。[15]

日記裡最重要的赫貞江詩是第三首，亦即第二首中文詩。此詩擺脫了每句字數固定的限制。胡適原先只覺察到詩意，沒能作詩。一九二七年一月十一日，離開英國，「船到紐約港內」，當天：「汽車過赫貞江邊，月色很好，天無微雲，地上有薄雪，——去國六個月，今夜始有詩意。」[16]這裡「去國六個月」，指一九二六年七月離開中國，去歐洲，到現在為止。

詩作出現於一九三八年四月十九日日記。當天搭火車回紐約，日記上說：「一路上看赫貞江（Hudson R.）的山水，想起二十年前舊事，很想念寫一詩，竟不能成。」顯然後來完成了這首詩，附在同日日記尾端：

四百里的赫貞江，
從容的流下紐約灣，

15 同前註，頁四七六—七七。
16 《胡適日記全集》第四冊，頁六一一。

恰像我的少年歲月，
一去了就不回還。
這江上曾有我的詩，
我的夢，我的工作，我的愛。
毀滅了的似緣水長流，
留住了的似青山還在。[17]

無論如何去詮釋那個「我的愛」，既言「二十年前舊事」，總難排除韋蓮司。約一個月前，三月中旬，胡適到綺色佳數度演講，韋蓮司負責當地的開車接送。在忙碌的行程之中，兩人還單獨一起吃了頓飯。在胡適心裡，最令他難忘的赫貞江詩或許就是這首。然而大約四個月後，當他回顧此詩，觸媒已是羅維茲。同年七月十二日日記：「Robby（羅比，羅維茲小名）開車與我去遊Henry Hudson Parkway（亨利赫貞公園大道），到Arrowhead Inn（箭頭旅館）吃夜飯，月正圓，此是赫貞江上第二回之相思也。（看一九三八年四月十九日記附抄的小詩。）」[18]赫貞江有一河段與亨利赫貞公園大道比鄰平行。胡適提醒他的日記讀者去查閱一首早期「附抄的小詩」。其意是他有兩個，而不僅僅是一個，與該江有關的愛情故事。毫無疑問，羅維茲乃「赫貞江上第二回之相思」的女主角。

周質平認為羅維茲與杜威結婚後，胡羅關係有所改變：「杜羅婚後，胡適在日記上極有限的幾次記錄都稱羅維茲為杜威夫人，而不直書其英文名字，或用其小名Robby〔羅比〕。胡適想必是有意為之。這多少說明兩人關係有了改變。」[19]

另外有筆資料證明胡適注意女性友人婚姻現狀。胡適日記第一次提到賽珍珠，稱呼是「賽珍珠太太」。一九三四年二月八日：「七點半到林語堂家吃飯，有Mrs. Pearl Buck〔賽珍珠太太〕及*Asia*〔亞洲〕雜誌編者Mr. Walsh〔沃爾什先生〕。」[20]一九三五年賽珍珠離婚之後，胡適日記三次提到賽珍珠，不再以「某某太太」稱呼。前兩次直呼其名（Pearl Buck），第三次稱賽珍珠小姐（Miss Pearl Buck）。以下是三次裡的兩次。

賽珍珠支持援華抗日，曾於一九四〇年與美國總統夫人聯手送胡適大使一本高額捐款給中國者的簽名簿。該年九月廿六日日記：「下午我在『雙橡園』開茶會，總統夫人與Pearl Buck〔賽珍珠〕遞交一本*Book of Hope*〔希望之書〕給我。（*Book of Hope*〔希望之書〕簽名的人都是曾捐$100.00以上的。另有些人的名字簽在一本American Declaration〔美國人宣言〕上。）這一天到的客共三九五人。」[21]賽珍珠公開支持胡適。胡適卸任駐美大使之後，接到賽珍珠和一位友人收集的，美國朝野寫的告別信函。一九四三年一月十九日：「下午去Mrs.

---

17 《胡適日記全集》第七冊，頁五二六—二七。
18 同前註，頁五六九。
19 周質平，《胡適的美國情緣》，頁二四四。
20 《胡適日記全集》第七冊，頁五三，索引誤為頁五四。

James E. Hughes（詹姆斯・E・休斯夫人）家吃茶，他把他們（Miss Pearl Buck's（賽珍珠的））收集的美國朝野名人對我去任的信札一『函』交給我，內有總統、閣員以及各邦總督、中央最高法院全體的信。——雖可寶貴，但他們未得我同意，擅自發函徵求此項書信，實甚使我不安。」[22]

賽珍珠的首任丈夫，John Lossing Buck，中文名「卜凱」，是康乃爾大學農學院出身的中國農業專家。胡適留學，最先就讀於康乃爾大學農學院。卜凱曾來拜訪胡適大使，兩個康乃爾大學校友談得投機。一九三九年七月廿到廿六日，七天裡卜凱總共來了三次。首次會面記在廿日日記：「Dr. John Lossing Buck（卜凱博士）自國內來，來吃茶，久談。他也是Cornell（康乃爾大學）的一九一四（年）班。」[23]胡適後來，一九六〇年八月，還見過卜凱。一九六一年五月廿九日致張敬原信，談中國人口數字的問題：「去年八月我在Ithaca（綺色佳）見著Dr. John L. Buck（卜凱博士）。」[24]

胡適和卜凱在綺色佳的會面也記在他的私談裡。兩條私談記錄證明胡適一直知道，雖然胡適日記全集沒有交代，卜凱和賽珍珠的關係。這兩條私談記錄如下。

一九六〇年十二月廿九日：

> 飯後，先生在許多外國寄來的賀年卡中，看見一張是Lomay and Lossing Buck（卜凱夫婦）寄來的。先生說：「這位Buck（卜凱），是賽珍珠的丈夫，但他們已經離婚了。賽

珍珠跟Buck〔卜凱〕結婚之後生一個女兒，那時已經廿六七歲了，但她的知識還停留在六七歲的兒童時期，完全是個白癡。他們離婚之後，他又和一位中國小姐結婚，已經一男一女了。康乃爾大學有一旅館管理系，這系主任主張旅館裡任何房間都應該有一個洗澡的設備。這是對於旅館業的革命，後來各地都受了革命的影響，全部革新了。今年暑假，我就在康乃爾這個旅館的樓梯上遇見Buck〔卜凱〕和他現在的太太和子女，這兩個孩子也很大了。」[25]

一九六一年五月卅一日：

先生又談起「Buck〔卜凱〕，就是賽珍珠的第二任丈夫，生了一個女兒，在懷孕時怎麼腦部受了傷，到了二十歲時，她的智慧還像六七歲的孩子一樣，是個白癡；這是他們

21 《胡適日記全集》第八冊，頁六九。
22 同前註，頁一四三。這個信札集現存北京大學圖書館。見鄒新明，〈牽記與紀念：胡適贈北京大學圖書館書刊輯略〉，《傳記文學》七一七期（二〇二二年二月），頁一九。
23 《胡適日記全集》第七冊，頁六七七，索引誤為頁六七八。
24 《胡適選集：書信》，頁二〇八。
25 胡頌平編著，《胡適之先生晚年談話錄》（台北：聯經，一九八四），頁一〇四—一〇五。

最遺憾的事。Buck〔卜凱〕後來娶了一個中國太太，生了子女兩人，都很愉快。」26

這裡「第二任丈夫」有誤。大概是胡頌平記載的錯。

胡適關注女性是否單身，確實可能影響他的男女關係態度。更何況羅維茲搖身一變，變成了師母。

四

〈憶胡適之〉赫貞江畔場景在現實世界是否存在並不重要。當時張愛玲已經體驗了異國求生的艱難，所以那個鋪陳至少透露著張愛玲生命意志之堅強。更重要的是：胡適無能為力幫她謀職，張愛玲能夠體會胡適返台出任中研院院長之前，滯留美國的困境，但她拒絕套用現實的勢利與隔閡來評估胡適。在感同身受異域的煎熬之中，張愛玲回到中華文化傳統裡，沉著確然，記錄自己——用〈憶胡適之〉的措詞來說——「如對神明」的那種崇敬。

這篇悼念文章為胡適做了歷史定位的決斷。

26 同前註，頁一八八—八九。

張愛玲的米開朗基羅

〈自己的文章〉的瑕疵及其意義

一

張愛玲在上海文壇初出茅廬，立即引起相關評論。最早令人注目的兩篇反響都出現於一九四四年五月：《萬象》雜誌的迅雨（傅雷）〈論張愛玲的小說〉，以及《雜誌》月刊的胡蘭成〈評張愛玲〉。兩文吸睛，因為不但張愛玲撰文回應，而且在公開場合也遭人詢問。相關對話記載於同年九月《雜誌》月刊的〈《傳奇》集評茶會記〉。茶會裡有人問張：「張小姐對《萬象》上所刊的批評和《雜誌》上所刊的批評，以為那一篇適當？」提問者所指的批評，應是上述兩文。

張愛玲回答：「關於這，我的答覆有一篇〈自己的文章〉，刊在《新東方》上。」〈自己的文章〉曾經兩次發表，《上海新東方雜誌》（一九四四年七月）和《苦竹月刊》（一九四四年十一月），最後收入《流言》初版（一九四四年十二月）。[1]我假設一九六八年台北皇冠版《流言》所收〈自己的文章〉同《流言》初版。

傅雷評文涵蓋議題廣泛。其中這個特定句子明確表明他對故事題材的關注：

我不責備作者的題材只限於男女問題，但除了男女以外，世界究竟還遼闊得很。

我們受益於夏志清《中國現代小說史》的精闢析論，知道傅雷並未道盡〈金鎖記〉的好處：那個故事呈現特殊道德視野，引發讀者道德反省。[2]張愛玲根本沒有必要回應傅雷（或其他人）的批評。然而當時她（廿五歲左右）年輕氣盛，辯才無礙，急於辯護並解釋自己的文學觀點。

本文專注於〈自己的文章〉觸及米開朗基羅的部分。

二

〈自己的文章〉這段話可能是張愛玲提到這位義大利藝術家的孤例：

> Michael Angelo 的一個未完工的石像，題名「黎明」的，只是一個粗糙的人形，面目都不清楚，卻正是大氣磅礴的，象徵一個將要到的新時代。倘若現在也有那樣的作品，自然是使人神往的，可是沒有，也不能有，因為人們還不能掙脫時代的夢魘。

就目前所知資料看來，張愛玲沒去過義大利。上引的簡短描述是間接獲得的石雕視覺

1 唐文標，《張愛玲資料大全集》（台北：時報文化，一九八四），頁二五一。

2 C. T. Hsia, *A History of Modern Chinese Fiction*, pp. 405, 407.

印象。台北遠景出版社胡蘭成《今生今世》記載張愛玲在西洋畫冊上看見這個雕像圖片的情形：「我與她同看西洋畫冊子，拉斐爾與達文西的作品，她只一頁一頁地翻翻過，翻到密契安琪羅雕刻的人像『黎明』，她停了細看一回，她道：『這很大氣，是未完工的。』」上海文匯出版社《張愛胡說》改「達文西」為「達・芬奇」，改「密契安琪羅」為「米開朗基羅」。[3]

很可能張愛玲心裡清楚自己對米開朗基羅的藝術及生平所知有限，〈自己的文章〉筆鋒不事伸張。著墨雖少，卻仍可商榷。我們僅就引文的兩個瑕疵，略作澄清，不去詳談米開朗基羅多采多姿的藝術和生平。

第一個問題是米開朗基羅的名字。前引皇冠版用Michael Angelo。張愛玲或許意在說明米開朗基羅這個名字的來源，但語焉不詳，徒增混淆。浙江文藝出版社《張愛玲散文全編》（一九九二年）改成Michelangelo，並為其加註，指出這是米開朗基羅，但沒有解釋更改英文名字的理由。英文名字哪個正確？

這是個義大利專有名詞直接納用於英文的例子。發音不同，但字母全同。我讀過的相關英文書籍不僅使用——而且每當引用涉及米開朗基羅名字的義大利原文，也都用——Michelangelo。舉兩個例子。米開朗基羅出生當天，父親在家庭紀錄簿上記事，其中有句：「我為他命名Michelangelo」。[4]目前仍存在的米開朗基羅的第二封函件，一四九七年七月一日在羅馬寫給他父親的，信裡簽名是「Michelangelo scultore」。義大利文sculture意謂雕塑家。

史料證明直到一五二六年他仍用同樣的簽名。約二十多年後，他才表示不希望被稱為「雕塑家」。[5]

這個世界通用的名字Michelangelo，米開朗基羅，其來有自。由於中文音譯版本各不相同，這個名字與其來源的聯繫在中譯裡喪失殆盡，必須用義大利原文或接近義大利原文拼音語言的譯文（比如英文）去解釋。把名字拆開來看，確是瞭解命名用意的方法。不過分解方法並不像〈自己的文章〉那樣。

米開朗基羅的家世並不像他自己吹噓的那麼尊貴顯赫。先祖經營羊毛產業，然後在義大利佛羅倫斯（Florence，其他中譯名：翡冷翠，或佛羅倫薩）擔任銀行業或公職，算是殷實。祖父一代家道中落。幸好米開朗基羅的母親帶來嫁妝，佛幣四百十六元，付清了丈夫積欠的稅金。一年後米開朗基羅的父親被任命為地方理事會的理事，後來被派去佛羅倫斯東邊山上兩個村鎮（丘西和卡普雷塞）做地方法官，任期六個月，轄區大約有三千個農人和牧人。在父親任期將滿之際，一四七五年三月六日，第二個兒子米開朗基羅出生。米開朗基羅自己

3 胡蘭成，〈民國女子〉，《今生今世》（台北：遠景，五版，二〇〇九），頁二九一。亦見《張愛胡說》（上海：文匯，二〇〇三），頁一三六—一三七。

4 George Bull, *Michelangelo, a biography*, Great Britain: Viking, 1995, p. 7.

5 Michael Horst, *Michelangelo, THE ACHIEVEMENT OF FAME*, New Haven and London: Yale University Press, 2011, p. 11.

沒有明確交代出生地名。有些傳記學家認為出生地是卡普雷塞。但米開朗基羅家族盛傳他母親在兩城之間的山路上奔波時，倍經艱困才生下這個孩子。那兩村鎮靠近天主教聖方濟各（Saint Francis）接受聖痕所在地，拉維爾納（La Verna）的教會轄區。聖痕的意思是在與耶穌基督被釘十字架的傷口相對應的位置出現身體傷口、疤痕和疼痛。

米開朗基羅這個名字在家族裡並無前例。原來可能用來紀念四年前過世的伯祖（祖父的二哥米歇爾，Michele）。有些歷史學家認為從米歇爾改為米開朗基羅有其宗教意義。Michelangelo這個名字與天主教的St. Michael Archangel有關。天主教中譯Archangel為總領天使，意為地位最高的天使，以及上帝軍隊的領袖。聖方濟各在拉維爾納荒野禁食四十天，聖痕神蹟出現於聖方濟各對總領天使熱切祈禱的期間。這個期間稱為Saint Michael's Lent，一般來說，可指從八月十五日到九月廿九日的一段時期。拉維爾納附近的居民竦慕總領天使。那兩座山城之一，丘西，位處緊接於拉維爾納的坡地之下，曾有個專門祭祀總領天使的教堂。如果孩子誕生過程困難或危險，家人向總領天使祈禱求救，這種命名（Michelangelo）即出自家人的感激。嬰兒安全出世畢竟是種奇蹟。[6] 一九二六年十月三日胡適日記這樣描述聖方濟各：「今天為St. Francis of Assisi〔阿西西的聖方濟各〕死後七百年的紀念日。他死於Oct. 3，1226。St. Francis〔聖方濟各〕是中古的一個怪傑。他歌頌貧窮，反對一切物質上的享受，最近於原始基督教，然離今日西洋文化的精神最遠。」[7]

米開朗基羅一生的簽名並不一致。有時是潦草，有時是基於不同理由故意龍飛鳳舞。基

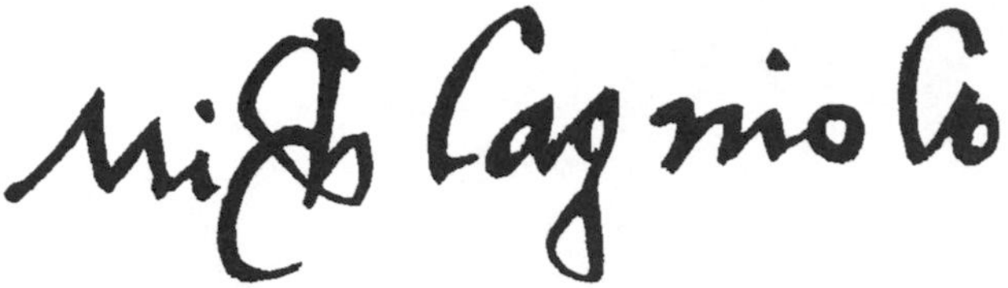

圖11.1　米開朗基羅簽名之一（照片來源：世界名畫家全集《文藝復興的巨匠・米開朗基羅》〔台北：藝術家出版社，2008〕）

本上他刻意用較古老的托斯卡納（Tuscan）拼寫方法，所以簽名變成Michelagniolo。圖11.1是個例子：

二〇一七年廣受好評的一本萊昂納多・達文西傳記參差使用單字名Michelangelo和複字名Michelangelo Buonarroti來指稱米開朗基羅。Buonarroti（博納羅蒂）是姓氏。文藝復興時期，義大利個人命名習慣已逐漸開始複字化，單字名和複字名在社會中混合使用。當然也有誤解繼續蔓延，似將淹沒正確資訊的案例。舉個例子。「達文西」是「來自文西那個地方的人」的意思。萊昂納多・達文西在世時候即主要用單字名「萊昂納多」，但是公眾通常以為「達文西」是他的名字。以訛傳訛。[8]那個困惑不限於中文世界。

6 John T. Spike, *Young Michelangelo, The Path To Sistine, A Biography*, New York: The Vendome Press, 2010, pp. 16-21.

7 《胡適日記全集》二版，第四冊，頁四八七。

8 Walter Isaacson, *Leonardo Da Vinci*, New York: Simon & Schuster, 2017, p. 11.

三

現在我們回顧〈自己的文章〉提及米開朗基羅的第二個問題：「一個未完工的石像，題名『黎明』的」。

我查了幾本米開朗基羅傳記以及關於他藝術作品的專書，找不到名叫「黎明」的未完成石雕作品。確有一個已經完工的同名石雕作品。為了確認這不是張愛玲想到的雕像，也就是說，為了消除她誤把「完成」寫成「未完成」的可能，我們不妨簡單瀏覽一下這個作品的相關資訊。圖11.2是雕像「黎明」的近照。

圖11.2　雕像「黎明」近照（照片來源：世界名畫家全集《文藝復興的巨匠：米開朗基羅》〔台北：藝術家出版社，2008〕）

「黎明」屬於一對側躺在石棺上的雕像。這對雕像的命名為：「黃昏」和「黎明」。這對雕像上方有洛倫佐公爵（Duke Lorenzo, 1492-1519）的棺主雕像。網路以及有些書籍不知道這個石棺內其實有兩個遺體。一五三七年亞歷山德羅公爵（Duke Alessandro, 1510-1537）被謀殺之後，遺體放入這個石棺，放在洛倫佐公爵遺體之上。兩人都曾是佛羅倫斯的統治者，然後共用同一石棺。如圖11.3所示，「黃昏」側躺在照片左側，「黎明」側躺在照片右側。

圖11.3　洛倫佐公爵石棺展示檯（照片來源：世界名畫家全集《文藝復興的巨匠：米開朗基羅》〔台北：藝術家出版社，2008〕）

米開朗基羅總共完成兩個石棺展示檯的設計及雕像，各有棺主雕像位於上方，下面各有一對雕像側躺在石棺上。另外那對雕像命名為：「白天」和「黑夜」。那組雕像的棺主是朱利亞諾公爵（Duke Giuliano, 1479-1516）。

米開朗基羅原來計劃在美第奇教堂（Medici Chapel）的新聖器收藏室為美第奇家族四位名人遺體設計石棺展示檯。由於業務太多，在佛羅倫斯叛變戰亂裡站錯邊，以及教皇克萊門特七世（Pope Clement VII, 1523-1534）病危等等原因，米開朗基羅只能完成上述兩個展示檯的設計及雕像。那兩個展示檯棺主的地位較低，靠牆放在展示廳的左右兩旁。剩下兩個仍未完成設計的石棺棺主是「偉大的洛倫佐」（Lorenzo The Magnificent, 1449-1492）和他的弟弟朱利亞諾（Giuliano, 1453-1478）。兄弟兩人地位崇高，因為他們的兒子前後都做了教皇。「偉大的洛倫佐」很早就賞識並提攜年輕的米開朗基羅，推動義大利文藝復興運動居功甚偉。米開朗基羅離開佛羅倫斯之後，其他藝術家接手設計並完成那兩位較重要人物的石棺展示檯。設計比較簡單，靠牆放在展示廳正面。美第奇教堂是

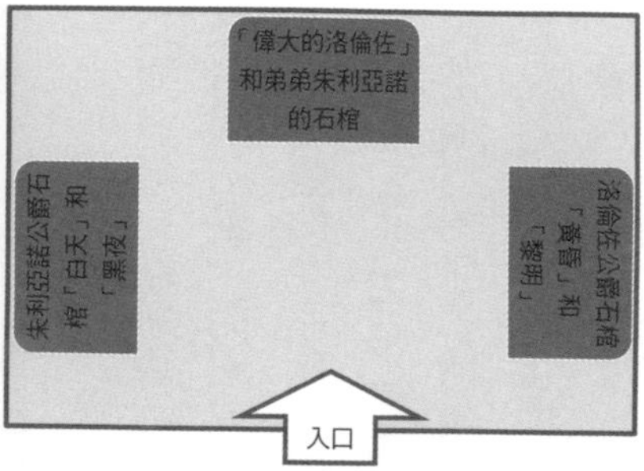

圖11.4　美第奇教堂鳥瞰佈局（來源：作者）

圖11.5　美第奇教堂內部一景（照片來源：世界名畫家全集《文藝復興的巨匠：米開朗基羅》〔台北：藝術家出版社，2008〕）

米開朗基羅第一個付諸施工的建築設計。[9]如圖11.4和11.5所示，美第奇教堂三面牆各有依牆而立的石棺展示檯。

這些饒富趣味的「黎明」雕像資訊，愈知道多，愈發現與〈自己的文章〉搭不上邊。現在我們考慮另一種可能性：〈自己的文章〉確實意指未完成作品，但說錯了作品名稱。在米開朗基羅未完成的石雕作品裡，現存義大利佛羅倫斯，烏菲茲美術館（Uffizi Gallery）的四件相當著名。多年來它們引起不同的詮釋。這組石雕作品的通用名稱因而有所改變。由於尺寸巨大，舊籍曾通稱它們為「巨人」。由於未完工的原因似乎是石材近乎用盡，預期的角色受到囚禁，這組石雕也被稱為「俘虜」、「囚犯」、「奴隸」等等。下文暫用「俘虜」（Captive）。兩字可以「巨人」或「囚犯」或「奴隸」取代。

這四個「俘虜」大約製作於一五三〇至一五三四年間，原為教皇朱利葉斯二世（Julius II, 1503-1513）墓早期設計裡的一部分。朱利葉斯二世是米開朗基羅一生經歷的十三位教皇之一。那些教皇裡有兩位出自佛羅倫斯的美第奇家族。如圖11.6所示，自左到右，依次為：青年俘虜，希臘神話裡肩頂天霄的神

圖 11.6　四個「俘虜」石雕（照片來源：世界名畫家全集《文藝復興的巨匠：米開朗基羅》〔台北：藝術家出版社，2008〕）

祇，大鬍子俘虜，蘇醒中的俘虜。

通過四個未完成的雕像，米開朗基羅精美表達了人類軀體和靈氣之間不斷的鬥爭。這些俘虜似乎正在努力擺脫粗糙的石材，從內部擠壓出來。衝刺的力道使他們的肌肉扭彎到即將斷裂的極限。即使米開朗基羅完成它們，也會在最終形狀中保留一些原本石牢的痕跡。

這組作品清楚地展示了雕塑家的工作方式：他透視立體多面的大理石，剝落一層又一層多餘的東西，尋找他腦海中已經看到的那個人。

四個石雕之中，哪個最可能引起張愛玲注目？張愛玲提及「粗糙的人形，面目都不清楚」。那個叫「蘇醒中的俘虜」的石雕輪廓最模糊。張愛玲講到黎明，每日時辰之首。那個叫「青年俘虜」的石雕人物外形年齡最輕。以上兩者都可能。另外兩個，「大鬍

9　Robert Coughlan, *The World of Michelangelo, 1475-1564*, New York: Time Incorporated, 1966, p. 141.

子俘虜」以及「希臘神話裡肩頂天霄的神祇」，較不可能。圖11.7和圖11.8是二〇一八年十月廿日我在烏菲茲美術館現場拍的照片，光線較亮，角度略異，或更清晰。

四

米開朗基羅年輕時候曾從詩人波利齊亞諾（Poliziano, 1454-1494）那裡得知古代雕塑家遺留未完成作品的一種詮釋：經過人手去構建的藝術作品，只能夠接近，但永遠無法達到完美。[10]米開朗基羅殘存作品的概念當然不必受限於此。

〈自己的文章〉的米開朗基羅印象也允許多種解讀。試提兩點。

其一，未完成的石雕作品有時可以暗示一種特殊的完成。米開朗基羅終止這些石雕工作的五百多年後，石材裡呼之欲出的人物似乎仍在奮力擺脫束縛，那股衝勁和激情贏得後人的注目。我們始終存在於時代的變遷之中。那麼有時（至少在某些時候）我們大可不以一時片刻的成敗去論英雄。張愛玲刻意避免類似「敗兵之將，不足言勇」那種黑白分明的價值評估態度。最顯著的論述是祖父張佩綸的歷史定位。張佩綸乃清末「清流」朝臣之一。那些改革份子為了救亡圖存，在體制內激評政事。但時勢比人強，未能力挽狂瀾，改變清朝滅亡的命運。張佩綸科舉出身，空有救國熱忱，沒有足夠的海軍專業知識，缺乏「將在外、軍令有所不受」的膽識，成為中法海戰失敗的代罪羔羊。輿論群起攻之。張佩綸和家人飽受羞辱。某

圖 11.8　青年俘虜（照片來源：作者）

圖 11.7　蘇醒中的俘虜（照片來源：作者）

些歷史學家仍然不能原諒他。但戰敗不能完全怪他一人。[11]

其二，石雕印象未能鋪天蓋地那樣影響張愛玲文學。但〈自己的文章〉所謂磅礡大氣，確為張愛玲文學理念的部分基礎，張愛玲故事題材很少完全擺脫兒女私情。對她而言，愛情是極其珍貴的人生經驗。許多人認為兒女私情格局有限。現在我們注意到張愛玲的米開朗基羅印象，我們必須承認她曾有所超越，進入其他領域：知識青年報效國家（《十八春》），無產階級文學的實驗（〈小艾〉），土改（《秧歌》，《赤地之戀》），遺民態度（《易經》，《雷峯塔》），重新評估歷史（《對照記》），學術研究（《紅樓夢魘》）等等。

石雕印象無從完整解釋張愛玲寫作題材的通盤演變。但它呼應著張愛玲文學的重要核心價值。

---

10 John T. Spike, *Young Michelangelo, The Path To Sistine, A Biography*, p. 54.

11 高全之，〈張愛玲與爺爺〉，《張愛玲學續篇》，頁二二三—五五。

新人間350

私札與私語：三顧張愛玲
Eileen Chang in Private Letters

作者—高全之
主編—何秉修
特約編輯—蔡宜真
校對—高全之、蔡宜真
責任企畫—陳玉笈
美術設計—倪旻鋒
內頁排版—立全電腦印前排版有限公司

總編輯—胡金倫
董事長—趙政岷
出版者—時報文化出版企業股份有限公司
一〇八〇一九台北市和平西路三段二四〇號七樓
發行專線—（〇二）二三〇六六八四二
讀者服務專線—〇八〇〇二三一七〇五
（〇二）二三〇四七一〇三
讀者服務傳真—（〇二）二三〇四六八五八
郵撥—一九三四四七二四時報文化出版公司
信箱—一〇八九九臺北華江橋郵局第九九信箱
時報悅讀網—http://www.readingtimes.com.tw
時報文化臉書—https://www.facebook.com/readingtimes.fans
法律顧問—理律法律事務所 陳長文律師、李念祖律師
印刷—勁達印刷有限公司
初版一刷—二〇二二年八月十九日
定價—新台幣三六〇元
（缺頁或破損的書，請寄回更換）

時報文化出版公司成立於一九七五年，
一九九九年股票上櫃公開發行，二〇〇八年脫離中時集團非屬旺中，
以「尊重智慧與創意的文化事業」為信念。

私札與私語：三顧張愛玲 = Eileen Chang in private letters / 高全之作. -- 初版. -- 臺北市：時報文化出版企業股份有限公司, 2022.08
面； 公分. -- (新人間；350)

ISBN 978-626-335-312-1(平裝)

1.CST: 張愛玲 2.CST: 作家 3.CST: 傳記 4.CST: 文學評論

782.886 111005317

SBN 978-626-335-312-1（平裝）
inted in Taiwan